Felix Huby

Einbruch im Labor

Egmont AG

Mit freundlicher Genehmigung von K. Thienemanns Verlag
Herausgeber: Egmont AG, CH-8702 Zollikon
Illustrationen: Erich Hölle
Grafische Gestaltung: Held & Rieger

ISBN 3 905 495 16 3

Inhalt

Die Hauptpersonen

Jörg Meixner	ist ein fixer Junge, abenteuerlustig und voller guter Ideen.
Onkel Heinz	Jörgs Lieblingsonkel ist gross und dick; wenn er lacht, klirren die Fensterscheiben.
Max Meixner	Jörgs Vater ist ein grossartiger Erfinder und Ingenieur, den die Konkurrenz ausschalten möchte.
Liesel Meixner	Jörgs Mutter ist eine sehr besonnene Frau.
Senator Bleibtreu	Max Meixners grosser Konkurrent. Ihm ist jedes Mittel recht, um Jörgs Vater zu schaden.
Frau Niedlich	heisst nicht nur so, sondern ist auch so.
Herr Häussermann	ein hilfsbereiter Nachbar.
Mary Crossland	hat strahlendblaue Augen und blonde Korkenzieherlocken. Sie erweist sich als gute und zuverlässige Freundin.
Mister Crossland	Marys Vater beweist, dass er ein fairer Engländer ist.
Eddy, der Mann mit der Baskenmütze	ist ein käuflicher Ganove, aber er bekommt manchmal ein schlechtes Gewissen.
Der Mann mit der Zahnlücke	Eddys gewissenloser Kumpel wird Jörg mehrmals sehr gefährlich.

Einbrecher im Labor

Jörg sass in seinem gemütlichen Dachzimmer über seinem Mathematik-Hausaufgabenheft und rechnete lustlos Prozentzahlen aus. Er war – wie so oft in letzter Zeit – allein. Seine Mutter hatte einen Abendkurs in der Volkshochschule belegt, und sein Vater war auf Reisen.
Draussen wurde es langsam dunkel. Jörg schaltete seine Schreibtischlampe an und drehte am Knopf seines Radios, einem alten Holzkasten, den ihm sein Grossvater einmal geschenkt hatte. Er suchte auf der Skala, bis er einen Sender fand, der Schlagermusik brachte. Gedankenverloren hörte er dem Lied zu, das gerade gesendet wurde und das natürlich von der Liebe handelte.
Jörg klappte sein Mathematikheft zu und beschloss, den Rest morgen von einem Klassenkameraden abzuschreiben. Er überlegte, was er tun sollte. Es war fast neun Uhr. Die Mutter würde gegen zehn kommen. Dann musste er sowieso ins Bett, da konnte er sich auch gleich hinlegen und noch etwas lesen. Zuvor machte er aber noch zehn Kniebeugen und zwanzig Liegestützen. Jörg war der beste Sportler seiner Klasse, und wenn er den Tag über nicht dazu kam, draussen zu trainieren, erledigte er abends noch ein kleines Übungspensum. Zum Schluss rollte er sich noch ein paarmal über die Schulter ab. Das war ein Teil seines Trainings als Torwart der Schülermannschaft. „Das Wichtigste ist, dass du geschmeidig und reaktionsschnell bleibst", sagte der Sportlehrer immer. Dass Jörg gerade diese Fähigkeiten in der nächsten Zeit besonders brauchen würde, ahnte er zu diesem Zeitpunkt noch nicht. Er schüttelte Arme und Beine aus, um die Muskeln zu lockern und murmelte vor sich hin:

„So 'n Mist, wenn die einem nur nicht so viel Hausaufgaben aufbrummen würden…" Im gleichen Moment erlosch die Schreibtischlampe, und das Radio verstummte. Plötzlich war es ganz still im Haus. Hasso, der Schäferhund, schlug kurz an, dann war er wieder ruhig, unheimlich ruhig.
„Hasso", rief Jörg, obwohl er wusste, dass das Tier ihn nicht hören konnte. Der Vater schloss den Hund immer in seinem Labor ein, wenn er wegfahren musste. Mit geheimnisvoller Stimme pflegte er zu sagen: „Es gibt zu viele Neugierige, die sich für meine Entwicklungen interessieren." Das alles ging Jörg jetzt durch den Kopf. Dazu kam plötzlich das Gefühl der Gefahr. Irgend etwas stimmte nicht. Der Junge stand langsam auf, zog sich die Schuhe aus und schlich auf Strümpfen zur Tür. Im Treppenhaus war es noch dunkler als in seinem Zimmer. Seine Augen mussten sich erst an die Finsternis gewöhnen. Leise pirschte sich Jörg die Treppe hinunter, an der Tür zur Wohnung im ersten Stock vorbei und bis ins Erdgeschoss, wo Vaters Reich vom übrigen Haus durch eine schwere Holztür getrennt war.
Jörg drückte vorsichtig die Klinke nach unten. Die Tür war verschlossen. War es Einbildung oder Wirklichkeit? Der Junge glaubte, Geräusche zu hören. Aber als er durch das Schlüsselloch linste, konnte er nichts erkennen. Er wollte sich gerade abwenden, als er ein metallisches Klirren hörte. Jetzt war bei ihm Alarmstufe eins. Wenn da drin fremde Leute waren und Hasso nicht bellte…, es war nicht auszudenken, was da passiert sein konnte.
Jörg nahm die sieben Stufen bis zur Haustür in zwei riesigen Sätzen. Dass er keine Schuhe anhatte, kümmerte ihn nicht. Er raste an dem langgezogenen Labor-Anbau entlang zur vorderen Tür. Als er die Ecke erreichte, blieb er schwer atmend stehen. Die Tür war geschlossen, aber plötzlich sah der Junge einen schwachen Lichtschein über die schmalen

Fensterchen im oberen Teil der Tür huschen. – Kein Zweifel, da war jemand eingedrungen. Jörg fröstelte ein wenig. Er hatte Angst. Am besten wäre es, wenn ich die Polizei rufe, dachte er, aber andererseits konnten die Eindringlinge abhauen, ehe jemand erschien.

Weiter kam er nicht mit seinen Gedanken. Die Tür öffnete sich ganz langsam. In dem fahlen Licht, das von der Bogenlampe an der fünfzig Meter entfernten Strasse herüberschien, entdeckte Jörg, wie sich ein Kopf durch die Öffnung schob. Das Gesicht sah seltsam verschwommen aus. Die Tür öffnete sich ein Stück weiter. Jörg sah den Strahl einer Taschenlampe durch den Vorraum des Labors geistern. Für einen Moment erfasste der Lichtkegel den Kopf des Mannes in der Tür. Da entdeckte der Junge, dass der Fremde einen Strumpf über den Kopf gezogen hatte.

Ohne richtig zu wissen, was er tat, hob Jörg einen Stein auf, der am Ende der Regenrinne lag, hinter der er sich versteckt hatte. Der Mann kam nun vorsichtig aus der Tür, wendete sich um und gab einer anderen Person ein Zeichen. Dann bückte er sich und hob offensichtlich etwas Schweres an. Mit dem Rücken voraus trat er vorsichtig auf den Hof. Jetzt erkannte Jörg, dass er das Ende einer länglichen Kiste in den Händen hielt, die sich Zentimeter um Zentimeter ins Blickfeld schob.

Plötzlich hatte Jörg keine Angst mehr, nur noch Wut. Er holte mit dem Stein aus und warf ihn mit aller Kraft. Das harte Geschoss traf den kräftigen Mann in der Tür genau im Rücken. Er stiess einen Schmerzensschrei aus und liess die Kiste fallen. Offensichtlich krachte sie ihm direkt auf den Fuss, denn er begann auf einmal laut zu fluchen und auf einem Bein um die eigene Achse zu hüpfen. Von drinnen hörte Jörg einen Mann rufen: „Was ist passiert?“ Aber der getroffene Mann in der Tür antwortete nicht, sondern

zischte nur „nichts wie weg hier!“ Jörg fasste noch mehr Mut, er steckte zwei Finger jeder Hand in den Mund und pfiff so schrill er konnte. Er war bekannt dafür, dass er besonders gut auf den Fingern pfeifen konnte. Dreimal hintereinander liess er seinen markerschütternden Pfiff los, dann brüllte er, so laut er konnte, „Alaaarm!“ Gleichzeitig bückte er sich, hob eine Handvoll Schottersteine auf, mit denen der Hof ausgelegt war, und pfefferte sie in die Richtung der beiden Einbrecher. Die Steinchen prasselten gegen die Tür und die Kiste. „Schrotkugeln!“ brüllte einer der beiden und hastete geduckt über den Hof auf das eiserne Tor zu. Noch einmal pfiff Jörg. Der andere Mann rannte nun auch davon und verschwand hinter der Buchsbaumhecke, die das

Grundstück umgab. Jörg überlegte sich, ob er den beiden folgen sollte. Aber dann trieb ihn die Sorge um Hasso in die Werkstatt- und Laborräume seines Vaters. Als er durch die Tür hineinschlüpfte, hörte er draussen einen Wagen mit aufheulendem Motor und quietschenden Reifen davonfahren.

Auch in den Arbeitsräumen des Vaters liess sich kein Licht einschalten. Jörg suchte in der Finsternis den Sicherungskasten, aber als er ihn abtastete, fand er alles in Ordnung. Sein Vater hatte unter dem Sicherungskasten für Notfälle eine Taschenlampe und eine Kerze mit Streichhölzern deponiert. Die Taschenlampe fehlte, aber die Kerze war da. Jörg zündete sie mit zitternden Fingern an. Dann suchte er den grossen Raum ab. Das flackernde Licht warf seltsame Schatten gegen die weiss getünchten Wände. Reagenzgläser, Bunsenbrenner und Säureflaschen erschienen überlebensgross als Schattenrisse an den Wänden.

Und da sah Jörg seinen Hund. Er lag auf der Seite, schaute zu ihm auf und winselte leise. Am rechten Ohr blutete er. Jörg kauerte sich neben ihn, streichelte ihn und redete beruhigend auf ihn ein. Plötzlich wurden der Hund und der Junge von einem gleissenden Lichtkegel erfasst.

„Was ist passiert?“ fragte eine dunkle Männerstimme.

Jörg, der furchtbar erschrocken war, erhob sich erleichtert. Das war die Stimme von Herrn Häussermann, ihrem Nachbarn, der eine kleine Gärtnerei betrieb. „Einbrecher“, sagte der Junge und erhob sich, „sie haben Hasso beinahe umgebracht.“

„Wo gibt's denn hier Licht?“ wollte Herr Häussermann wissen.

„Es gibt keins, die haben den Strom abgeschaltet.“

„Ich rufe sofort die Polizei“, sagte der Nachbar.

„Nein, bitte zuerst meinen Onkel Heinz, der ist Tierarzt.“

„Weisst du die Nummer?"
„Ja, 559242."
Herr Häussermann stapfte schnell auf sein Haus zu.
Zehn Minuten später rumpelte der alte Landrover von Jörgs Onkel Heinz auf den Hof, und fast gleichzeitig erschien auch ein Einsatzwagen der Polizei. Die Beamten leuchteten sofort alles mit grossen Scheinwerfern aus.
„Na, was ist nun eigentlich los?" wollte Onkel Heinz wissen.
Jörg sah zu ihm auf. Er war sein Lieblingsonkel, fast zwei Meter gross, mit einem gewaltigen, kugeligen Bauch, und immer voll komischer Ideen. An Onkel Heinz war alles prall und lebendig. Wenn er lachte, klirrten die Fensterscheiben. Aber jetzt war er sehr ernst: „Die haben den Hasso wohl niedergeschlagen, wahrscheinlich mit einem Eisenrohr oder so etwas. Wenn er nur eine Gehirnerschütterung hat, kriegen wir ihn wieder hin, aber wenn's ein Schädelbruch ist...", der Onkel liess den Satz in der Luft hängen.
Jörg gab sich grosse Mühe nicht zu heulen, gerade vor seinem Lieblingsonkel wollte er stark und männlich erscheinen. Aber als Onkel Heinz seinen Arm um ihn legte und den Jungen gegen den massigen Bauch drückte, als er ihm gar noch über den blonden Wuschelkopf strich und brummte: „Nu' streng dich nicht so an, heul schon los!", da strömten Jörg die Tränen über die Backen, und irgendwie wurde es ihm leichter dabei; die Anspannung liess nach. Ein hagerer Polizist trat auf die beiden zu und fragte: „Wer kann über den Hergang etwas sagen?" Jörg streckte den Zeigefinger in die Höhe wie in der Schule und murmelte: „Ich."
„Moment", sagte Onkel Heinz, „eins nach dem anderen, erst helfen mir mal Ihre Männer, den Patienten sicher abzutransportieren, klar?"
Der Polizist wurde ungnädig: „Wer bestimmt hier eigentlich, Sie oder ich?"

„Ich“, sagte Onkel Heinz mit seiner mächtigen Stimme, die keinen Widerspruch duldete, „das sehen Sie doch. Also kommt mal her, Leute“, sagte er dann zu zwei jungen Polizisten, die unschlüssig in der Tür standen, „hier geht's schliesslich um Leben und Tod.“
Die beiden Beamten halfen dem Tierarzt, während ihr Chef zähneknirschend zusah. Onkel Heinz gab Hasso eine Beruhigungsspritze und legte ihn vorsichtig auf eine Bahre, die er aus seinem Landrover holte. „Ich krieg den schon wieder hin“, sagte er tröstend zu Jörg, „und sag deiner Mutter, ich komme gleich zurück, wenn ich Hasso verarztet habe.“
„Ich brauche Sie aber zur Vernehmung“, fuhr der hagere Polizist dazwischen.
„Später“, sagte Onkel Heinz nur und ging zu seinem Auto.
Jörg musste nun haarklein erzählen, was er erlebt hatte. Er war mittendrin, als seine Mutter in der Tür erschien. Im gleichen Moment ging das Licht an, einer der Beamten hatte die Stelle gefunden, wo die Gangster das Hauptkabel abgekniffen hatten.
„Sind Sie die Mutter des Jungen?“ fragte der Polizist.
„Ja, ich bin Frau Meixner“, sagte sie unsicher.
„Und Sie lassen Ihr Kind einfach abends allein zu Hause?“
Die Mutter versuchte schwach, gegen die Frage zu protestieren, aber da sprang schon Jörg selber ein. „Ich bin gross genug, das habe ich ja wohl bewiesen.“ – „Das hast du tatsächlich“, sagte der Polizist, und zum ersten Mal klang seine Stimme ein wenig freundlicher.
„Können Sie Ihren Mann erreichen?“ fragte er dann. „Ja, das will ich gleich versuchen.“ Jörgs Mutter ging ins Haus, man konnte ihr richtig ansehen, wie ihr der Schreck in die Glieder gefahren war.
Der Beamte wandte sich wieder an Jörg. „Was gibt es eigentlich hier Wertvolles? Weisst du das?“

„Mein Vater hat im Industriegebiet ein Werk. Er macht Kunststoffe, vor allem Spezialaufträge für Flugzeugfirmen. Und zur Zeit arbeitet er an einem neuen, glasfaserverstärkten Kunststoff, der leichter als Holz und viel stabiler als Stahl ist."

„Das klingt ja ganz fachmännisch", sagte der Beamte anerkennend, „und du glaubst, dass jemand an dieser Entwicklung interessiert ist und sich deshalb die Unterlagen oder Probestücke oder so etwas klaut?" – „Ich weiss nur, dass mein Vater immer sagt, dass es zu viele Neugierige gebe, die sich für seine Entwicklungen interessieren."

„Donnerwetter", liess sich der Polizist vernehmen, „das wäre ja wirklich ein Ding!"

Die beiden jungen Beamten hatten inzwischen die Kiste geöffnet. Vorsichtig stapelten sie daneben auf den Boden kleine durchsichtige Platten und Blöcke, schriftliche Unterlagen und Dosen mit Chemikalien. Jörgs Mutter kam zurück und meldete: „Mein Mann wird in vierzig Minuten hier sein."

„Sehr gut", sagte der Polizist, „wir sichern einstweilen die Spuren."

Als Jörgs Vater, ein mittelgrosser Mann mit einer stahlgefassten Brille und einem graumelierten, mächtigen Schnurrbart eintraf, war es halb elf in der Nacht. Sein Wagen stiess fast mit dem klapprigen Landrover seines Schwagers zusammen, der gerade, aus der entgegengesetzten Richtung kommend, mit Schwung in die Hofeinfahrt einbog.

„Mann, du hast einen Pfundssprössling", posaunte Onkel Heinz dem Vater entgegen, „der Teufelsbraten hat doch glatt zwei Einbrecher in die Flucht geschlagen – mit vier Fingern", und Onkel Heinz demonstrierte das auch gleich, steckte vier Finger in den Mund, brachte aber nur einen kläglichen Ton heraus. „Das klingt wie ein verhinderter

Pups", lachte Jörgs Vater und ging mit raschen Schritten in sein Labor.
Der Vater begrüsste die Polizisten und gab auch Jörg ernst die Hand. „Das ist eine böse Sache", sagte er. Nachdem er sich die Gegenstände, die von den Einbrechern ausgesucht worden waren, angesehen hatte, fragte der hagere Polizeibeamte: „Haben Sie irgendeinen Verdacht?"
„Ich will niemand verdächtigen, aber es gibt natürlich nicht viele Leute, die mit diesen Werkstücken und meinen Aufzeichnungen etwas anfangen können."
„Na, dann raus mit der Sprache, was für Leute sind das?"
Der Vater sah den Polizisten befremdet an: „Ich bin jetzt natürlich nicht bereit, irgendeinen Namen zu nennen und womöglich einem Mann damit Schwierigkeiten zu machen, der mit all dem nichts zu tun hat."

„Aber Herr Doktor Meixner", sagte der Polizist, „wie sollen wir ermitteln, wenn Sie uns keinerlei Anhaltspunkte geben?"
„Tut mir leid", Jörgs Vater zuckte die Schultern.
„Na, dann nicht!" Der Beamte drehte sich abrupt um und sagte zu seinen Kollegen, „kommen Sie, mehr können wir hier im Augenblick nicht tun."
Mit einem knappen „Adieu" verliess er das Labor.
Eine halbe Stunde später sassen sie im gemütlichen Wohnzimmer der Familie Meixner zusammen: Onkel Heinz, Jörgs Eltern, der Nachbar Häussermann und Jörg, der ausnahmsweise einmal länger aufbleiben durfte. „Wenn ich die Burschen erwische, halte ich sie am Kragen aus dem Fenster, bis ihnen die Schuhnägel aus den Sohlen fallen", bullerte Onkel Heinz los.
„Die schlimmsten sind nicht die Einbrecher", sagte Jörgs Vater nachdenklich.
„Sondern?" wollte der Onkel wissen.
„Diejenigen, die sie beauftragt haben. Mein neuer Baustoff ist so gut wie fertig, nächsten Freitag sollte ich ihn auf der Messe in Hannover vorstellen. Es gibt drei bedeutende Flugzeugwerke, die sich sehr dafür interessieren."
„Na gut, und warum glaubst du...?"
Jörgs Vater liess den aufgeregten Onkel Heinz nicht weiterreden: „Ich habe jede Mark in diese Entwicklung gepumpt, da steckt all mein Kapital drin, wenn ich keinen Erfolg damit habe, kann ich am Tag nach der Messe betteln gehen."
„Und wenn Sie Erfolg haben?" fragte Herr Häussermann.
Jörgs Vater lachte: „Dann bin ich ein gemachter Mann."
Die Mutter, die mit einem Tablett voll belegter Brötchen und Bierflaschen aus der Küche kam, sagte: „Mal ganz im Ernst, wer hat ein Interesse daran, dir zu schaden, Max?"
Gedankenverloren schaute Max Meixner seine Frau an:

„Die Allplast-Werke haben auch Versuche mit glasfaserverstärkten Kunststoffen gemacht, aber sie sind offenbar gescheitert. Wenn die Flugzeugwerke bei mir kaufen, wird der Umsatz bei Allplast ganz bestimmt zurückgehen, denn fast alle Firmen kaufen jetzt noch dort."
Onkel Heinz pfiff leise durch die Zähne.
Herr Häussermann sagte: „Ach, so ist das!"
Aber Jörgs Vater fuhr gleich dazwischen: „Es ist doch nur eine Vermutung – vielleicht hat der Einbruch ganz andere Gründe."
„Das glaubst du doch wohl selber nicht", sagte Onkel Heinz und biss kräftig in ein Wurstbrötchen und spülte mit einem Glas Bier nach, „wem gehören eigentlich die Allplast-Werke?"
„Das ist es ja", sagte Vater, „der Besitzer ist Senator Bleibtreu, ein angesehener Mann hier in der Stadt."
„Phhh", machte Onkel Heinz, „angesehen, was heisst das schon, wenn's um Geld geht – mit dem Mann sollte man mal ein Wörtchen reden, denke ich."
„Aber ich habe doch gar keinen Anlass, ich meine, keinen wirklich begründeten Verdacht, denk doch mal nach, Heinz, ich..." Weiter kam Jörgs Vater nicht, weil das Telefon klingelte. Er hob ab und machte ein völlig überraschtes Gesicht. Dann sagte er: „Habe ich richtig verstanden, Senator Bleibtreu?"
Sofort wurde es mucksmäuschenstill im Zimmer, nur Onkel Heinz murmelte: „Wenn man vom Teufel spricht...", wurde aber von Jörgs Mutter angezischt, er solle ruhig sein. Dann hörten alle aufmerksam auf das, was Max Meixner in den Apparat sprach: „Sie haben schon recht, meine Entwicklung macht ganz gute Fortschritte ... ja, ich stehe sozusagen vor dem Abschluss, ... sicher, am Freitag in Hannover... Bitte? ... Aber das kommt für mich ausserordentlich

überraschend, Herr Senator... Nein, nein, interessiert bin ich eventuell schon... Natürlich, ich glaube das auch, aber unsere Werke sind von der Grösse her doch zu verschieden... Gut, einverstanden, morgen nachmittag, 17 Uhr... Ja, alles klar... Auf Wiedersehen, Herr Senator." Ganz langsam liess Jörgs Vater den Hörer auf die Gabel sinken, dann wandte er sich den anderen zu: „Stellt euch vor, er will mit mir kooperieren."
„Was will er?" fragte Jörg, der das Wort nicht verstand.
„Kooperieren, das heisst zusammenarbeiten, er will, dass wir gemeinsam produzieren, verstehst du."
„Also, er will deine Entwicklung haben", sagte Jörg.
„Ja, so ähnlich, er müsste natürlich sehr viel bezahlen dafür."
„Der will dich ja doch bloss übers Ohr hauen", brummte Onkel Heinz, „zuerst versucht er, dir das Zeug zu klauen, und weil Jörg ihm die Tour vermasselt hat, probiert er es jetzt auf die feinere Art, der ist doch ein Wolf im Schafspelz."
„Aber Heinz", sagte Jörgs Vater kopfschüttelnd, „wenn er hätte einbrechen lassen, hätte er bestimmt nicht gleich darauf angerufen, so, ich meine, so..."
„Ja, ja, so kaltblütig sind manche Leute", unterbrach Onkel Heinz seinen Schwager, „das macht er ja gerade deshalb, weil man ihm so etwas nie zutrauen würde."
„Also, jetzt ist Schluss", bestimmte Jörgs Vater energisch, „wenn man so denkt wie du, sind alle Leute Verbrecher, wenn sie sich nur normal und unverdächtig genug benehmen." Herr Meixner griff nach seinem Bier und sagte: „Jörg, du gehst jetzt ins Bett", und nach einer kleinen Pause: „Ich dank dir noch mal, das hast du prima gemacht, vielleicht hast du uns alle vor dem Ruin bewahrt."
„Ruin, was ist das?" wollte der Junge noch wissen, aber On-

kel Heinz sagte schnell: „Das erklär ich dir, ich komm noch schnell mit dir rauf in dein Zimmer." Als sie die Treppe hinaufstiegen, sagte der Onkel: „Ruin, also das ist, wenn alles zu spät ist, ich meine, wenn man alles verliert und selber nur noch eine Ruine ist, sozusagen", er blieb einen Moment stehen, „und damit's dazu nicht kommt, müssen wir zwei wohl ganz schön auf deinen gutgläubigen Herrn Papa aufpassen!"
„Wie meinst du denn das?"
„Ja, Firmament, Gesäss und Faden..."
„Was heisst denn das schon wieder?"
„Das ist die vornehmere Form von ‚Himmel, Arsch und Zwirn', also Himmel, Arsch und Zwirn noch mal, bist du vielleicht genauso begriffsstutzig wie dein Vater?"
„Papa ist sehr intelligent."
„Richtig, aber manchmal vergisst er darüber die Wirklichkeit, also wir zwei werden so etwas wie eine Verschwörung machen, um ihm zu helfen, ohne dass er's merkt, verstehst du?"
Jetzt hatte Jörg begriffen. Die beiden Verschwörer steckten ihre Köpfe zusammen, bis Jörgs Mutter heraufkam und ihren Bruder freundlich hinauswarf. An der Tür drehte sich der Tierarzt nochmals um, kniff ein Auge zu und flüsterte: „Losung?"
„Firmament und Arsch und Faden", sagte Jörg eifrig.
„Quatsch, es heisst Firmament, Gesäss und Faden, klar?"
Jörg, der gerade unter seine Decke schlüpfte, wiederholte gähnend den Spruch und war im selben Moment schon eingeschlafen, noch bevor seine Mutter und der Onkel die Tür hinter sich zuzogen.

Besuch beim Senator

Als Jörg am Tag darauf aus der Schule kam, ging er zunächst bei seinem Onkel vorbei. An der Tür kam ihm Hasso schwanzwedelnd entgegen, er hatte einen mächtigen Verband um den Kopf.

„Eine mordsmässige Platzwunde hat er, aber keinen Schädelbruch, Gott sei Dank", sagte Onkel Heinz, „das ist ein ganz zäher Bursche. Willst du was trinken?"

„Ich hab keinen Durst, nur einen Riesenhunger", sagte Jörg.

Wortlos ging der Onkel zum Telefon, wählte und rief dann in den Apparat: „Du, Liesel, dein Sprössling ist bei mir, wir gehen zusammen in meine Stammkneipe was essen, wenn du einverstanden bist."

Eine Viertelstunde später sassen die beiden im Hofbräustüble und verzehrten Rippchen mit Sauerkraut. „Ich muss wissen, was dein Vater alles mitnimmt, wenn er zum Senator geht." Onkel Heinz sprach mit vollem Mund und war deshalb nur schwer zu verstehen. „Weisst du, der Kerl ist so raffiniert, dass er deinem Herrn Papa die Unterlagen abschwatzt und dann hopplahopp den Krempel selber baut."

„Na, so einfach ist das auch wieder nicht", wandte Jörg ein. „Du darfst nicht vergessen, dass die Ingenieure bei den Allplast-Werken schon eine Menge Vorkenntnisse haben, denen fehlt vielleicht nur noch eine Kleinigkeit, das entscheidende Quentchen eben, das dein Vater ihnen voraus hat. Für solche Leute genügt manchmal ein Blick in die Konstruktionsunterlagen."

„Ja, das könnte stimmen."

„Also – am besten wär's...", der Onkel unterbrach sich und sagte dann: „Iss schnell, wir fahren ins Labor."

Schweigend verzehrten die beiden, was sie noch auf ihren Tellern hatten, Onkel Heinz bezahlte, dann verliessen sie im Sturmschritt das Lokal und stiegen in den Landrover. Jörgs Vater freute sich nicht gerade über den überraschenden Besuch. Mürrisch schaute er von seiner Versuchsreihe auf, als die beiden durch die Tür des Labors traten.

„Ach, ihr seid's, setzt euch, und stört mich nicht."

Nach einer Weile drehte sich Dr. Meixner um und sagte: „Wenn sich die beiden Stoffe verbinden lassen, kriege ich vielleicht ein Produkt zustande, das Wärme zehnmal länger speichern kann als alle Speicherstoffe, die es bisher gibt."

„Und wann weisst du das?" wollte Onkel Heinz wissen, ohne besonders viel Interesse dafür zu zeigen.

„Vielleicht in einem oder in zwei Jahren, das kann niemand so genau vorherbestimmen."

„Ein oder zwei Jahre – das sagt er, als ob's übermorgen wäre!" Onkel Heinz schlug die Hände zusammen.

„Was wollt ihr zwei eigentlich hier?" fragte Jörgs Vater.

„Wir haben eine Idee", begann der Onkel, „du gehst doch heute zu diesem durchtriebenen Senator..."

„Also bitte, Heinz", protestierte Dr. Meixner, „lass doch mal deine dummen Vorurteile beiseite."

„Nein – Jörg denkt da genauso wie ich!"

„Ja, weil du ihm Flausen in den Kopf setzt."

Jetzt mischte sich Jörg in den Disput ein. „Vater", sagte er, „was wir uns gedacht haben, ist ganz einfach: Mal angenommen, der Senator will dich wirklich reinlegen ... ich meine, für einen solchen Fall könntest du doch eine Art Sicherung einbauen."

„Eine Sicherung – wie meinst du das?"

„Na ja, einen klitzekleinen Fehler, den du nachher ganz schnell korrigieren kannst."

„Es sollte dem Schlitzohr von Senator nur nicht möglich

sein, mal hinzugucken und gleich hinter deine schlaue Lösung zu kommen.“
Jörgs Vater lachte: „Ideen habt ihr.“
Aber Onkel Heinz liess sich nicht abbringen: „Du bist doch sonst so klug, Max, und wenn du die Gefahr nicht einsehen willst, dann mach’s halt uns zuliebe – einfach so, um uns zu beruhigen.“
„Okay, ihr Quälgeister – ich halte das zwar für eine Schnapsidee, aber wenn ihr sonst nicht mehr schlafen könnt... Ich werde einfach eine entscheidende Zeichnung hier lassen.“
„Und in den Tresor einschliessen!“ sagte Onkel Heinz ernst.
„Selbst das mache ich, wenn ihr mich nur wieder in Ruhe arbeiten lasst.“
Onkel Heinz und Jörg verliessen den Forscher.
„Hilfst du mir bei den Hausaufgaben?“ fragte der Junge noch, aber sein Onkel winkte ab: „Du weisst doch, dass meine Patienten auf mich warten.“

Als Jörgs Vater am Abend nach Hause kam, hatte er nachdenkliche Falten im Gesicht. Seine Frau sprach ihn nicht an, sie wusste genau, dass es das Beste war, ihn erst einmal in Ruhe zu lassen, wenn er mit dieser Miene heimkam. Sie servierte wortlos das Abendessen. Jörg schickte alle paar Sekunden einen fragenden Blick zu seinem Vater hinüber. Schliesslich liess Herr Meixner einen knurrenden Laut hören, und nachdem das Schweigen noch mal ein paar Minuten gedauert hatte, platzte es aus dem Vater heraus: „Der Schuft setzt mich unter Druck!“
„Kann er denn das?“ fragte die Mutter.
„Er hat enorme Verbindungen, und er kann mich in vielen Bereichen unterbieten – dann verdient er zwar selbst auch nichts, aber das hält er lange, auf jeden Fall viel länger durch als ich.“

„Was ist denn nun wirklich vorgefallen?“ wollte Jörgs Mutter wissen.
„Zuerst war er ausserordentlich freundlich, es gab Kaffee und Cognac. Wir sprachen über die Oper und über seinen schönen Garten. Plötzlich wurde sein Ton aber sehr geschäftsmässig. Ich hätte nur eine Chance, sagte er, wenn ich mit ihm zusammenarbeiten würde. Na ja, wir haben uns dann die Pläne angesehen, die ich mitgenommen hatte, und er hat natürlich sofort gemerkt, dass eine der wichtigsten Konstruktionsunterlagen fehlte. Ich gab vor, sie vergessen zu haben. Da sagte er sofort, sein Chauffeur würde mich hierher fahren, damit ich die fehlenden Zeichnungen und Berechnungen holen könnte. Ich ging zunächst scheinbar darauf ein und verliess mit dem Fahrer sein Haus, kehrte dann aber noch mal um und ging ohne anzuklopfen in sein Arbeitszimmer zurück, und was glaubt ihr, was ich da sah…?“
Atemlos schauten seine Frau und sein Sohn ihn an.
„Ich platzte richtig rein – damit hatte er zuletzt gerechnet. Der Chauffeur war zunächst im Wagen sitzen geblieben. Als er merkte, was ich vorhatte, kam er hinter mir hergerannt wie ein Wachhund. Also, ich reisse unvermittelt die Tür zu Bleibtreus Arbeitszimmer auf und sehe, wie er meine Unterlagen fotokopiert.“
„Nein!“ entfuhr es Frau Meixner.
„Der Schweinehund“, sagte Jörg und wurde gleich von seinem Vater für den Ausdruck zurechtgewiesen. „Aber es stimmt doch“, meinte der Junge trotzig.
Sein Vater ging über den Einwand hinweg, als ob er ihn nicht gehört hätte: „Ich habe ihn natürlich sofort zur Rede gestellt“, erzählte er weiter, „aber er hat mich ausgelacht und mich sogar noch mit erhobenem Zeigefinger belehrt.“
„Wie denn das?“ fragte Jörgs Mutter dazwischen.

„Nun, er sagte wörtlich: ‚Guter Herr Doktor Meixner, für Sie gibt es sowieso nur die Möglichkeit, mit uns zu arbeiten, wenn Sie es nicht tun, werden Sie untergehen. Es ist so, und es wird so bleiben bei uns, dass der Stärkere siegt und die Grösseren die Kleineren fressen.' Es machte ihm offensichtlich gar nichts aus, dass ich ihn ertappt hatte. Na ja, ich hab dann einfach meine Unterlagen zusammengerafft und bin gegangen."

Es klingelte. Jörgs Mutter ging an die Tür und kam mit Onkel Heinz zurück. Natürlich musste Doktor Meixner seine Geschichte gleich noch mal erzählen. Der Onkel haute mit der flachen Hand auf den Tisch und brüllte: „Da haben wir's, aber ich als Tierarzt weiss, dass manchmal auch die Kleinen die Grossen fressen oder doch zumindest empfindlich beissen können. Liesel, jetzt brauch ich einen Schnaps."

Nach einer Weile meinte Jörgs Vater nachdenklich: „Ich habe jetzt eigentlich auch keinen Zweifel mehr daran, dass er mir die Einbrecher auf den Hals geschickt hat." Er schaute seinen Sohn an: „Wenn du nicht gewesen wärst...!"

Es war eine Zeitlang still am Tisch, die Stimmung war gedrückt. Da plötzlich fasste der Vater Jörg an beiden Schultern und sagte: „Weisst du was, ich habe die richtige Belohnung für dich – ich nehm dich in den Osterferien mit nach Hannover zur Messe!" – „Vater!" jubelte Jörg, „ist das dein Ernst – und mit dem Flugzeug?"

„Klar", bestätigte der Vater und liess es sich lachend gefallen, dass ihm sein Sohn so begeistert um den Hals fiel, dass er dabei beinah vom Stuhl kippte.

Der Coup auf dem Flughafen

Für Jörg war alles aufregend. Neben seinem Vater marschierte er zuerst zum Abfertigungsschalter am Stuttgarter Flughafen. Sie gaben dort ihre Koffer ab, die auf einem breiten Transportband davonfuhren und hinter zwei gelblichen Kunststofftüren verschwanden.

„Kriegen wir die auch wieder?" wollte Jörg wissen.

„Sicher", lachte Herr Meixner, „die fliegen im Bauch des Flugzeugs mit und werden in Hannover wieder ausgeladen und auf einem solchen Band zurückbefördert."

Plötzlich wandte sich Jörgs Vater ab und ging, so schnell er konnte, auf den Durchgang zu, über dem „Abflug Inland" stand.

„Warum rennst du denn auf einmal so?" fragte Jörg.

„Ich will ihm nicht begegnen, da hinten kommt Senator Bleibtreu, er nimmt offensichtlich die gleiche Maschine."

Jörg drehte sich um und schaute den Mann genau an. Er sah sehr vornehm aus in seinem blauen, doppelreihigen Anzug. Er war gross und breitschultrig und wirkte sehr sportlich, obwohl er mindestens sechzig Jahre alt sein musste. Seine eisgrauen Haare waren glatt nach hinten gekämmt. In seinem Gesicht sass eine mächtige Nase, unter der Jörg einen schmalen Schnurrbart bemerkte. Sein Onkel Heinz nannte solche Bärtchen „Rotzbremser".

„Komm endlich, und starr ihn nicht so an", flüsterte Herr Meixner und wollte Jörg mit sich fortziehen, aber der bemerkte etwas, was ihn sehr interessierte.

„Du, Vater", sagte er leise, „jetzt redet er mit dem Mann, der die ganze Zeit neben uns gestanden hat."

„Fang bloss nicht wieder an, Gespenster zu sehen",

brummte Jörgs Vater unmutig, aber dann sah er sich doch auch noch einmal um, und sein Gesicht nahm einen sehr nachdenklichen Ausdruck an.
Sie wurden von Beamten des Bundesgrenzschutzes durchsucht. Jörg kam in eine schmale Kabine. Der Uniformierte liess ihn die Hände heben und tastete seinen ganzen Körper ab. Jörg feixte: „Ich bin kein Flugzeugentführer“, aber der Polizist lächelte nicht einmal, sondern schob ihn aus der Kabine, indem er schon nach der entgegengesetzten Seite rief: „Der Nächste bitte.“
Ein Bus brachte sie zum Flugzeug, eine Boeing 737, City-Jet. Jörgs Vater schaute sich um, und als er bemerkte, dass Senator Bleibtreu die vordere Treppe hochstieg, ging er zum hinteren Einstieg. Sie fanden zwei leere Plätze auf der rechten Seite. Jörg durfte am Fenster sitzen. Aus den Lautsprechern über ihren Köpfen erklang leise Musik. Plötzlich brach sie ab, und die Stimme der Stewardess begrüsste sie in drei Sprachen: englisch, deutsch und französisch. Über ihnen leuchteten Buchstaben auf: „Anschnallen und das Rauchen einstellen“, übersetzte Jörgs Vater. Die Maschine begann zu brummen und zu zittern. Dann rollte sie zur Startbahn. Noch einmal stoppte der Pilot den gewaltigen Vogel. Dann heulten die Düsen auf, der Rumpf vibrierte, und plötzlich schoss die Maschine nach vorne. Jörg sah die Markierungen am Rand der Startbahn vorbeiflitzen, dann ein kurzes Rumpeln; sie waren vom Boden weg, und gleich darauf wurde der Junge mit Macht in die Sitzpolster gedrückt. Steil und schnell schoss das Flugzeug hinauf, die Erde unter ihnen entfernte sich, die Häuser und Strassen, die Autos und die Leute wurden immer kleiner, die Welt unter ihnen sah aus wie aus der Spielzeugkiste. Dann sah Jörg plötzlich nichts mehr, denn die Maschine drang in eine dichte Wolkendecke ein – grau und undurchsichtig lagerte der Nebel

draussen vor den kleinen, ovalen Fensterscheiben. Doch mit einem Schlag erschien ein neues Bild. Das Flugzeug stiess aus der milchigen Wolkenbank in gleissendes Sonnenlicht. Der Himmel war so strahlend blau, wie Jörg ihn noch nie gesehen hatte. Gegen den Horizont hin wurde es immer heller, bis es fast grünlich aussah. Die dichte Wolkendecke unter ihnen sah wie eine riesige Watteschicht aus. „Wenn das Flugzeug abstürzt", dachte Jörg, „werden wir da ganz weich drin landen."Doch sie landeten ganz vorschriftsmässig auf dem Flugplatz Hannover-Langenhagen. Der Bus brachte sie zum Flughafengebäude, wo sie im Ankunftsraum auf ihre Koffer warteten. Jörgs Vater tat wieder so, als ob er Senator Bleibtreu nicht bemerken würde. Er stand an dem schwarzen Transportband und schaute unverwandt auf die Öffnung, aus der nun nacheinander die Gepäckstücke der Passagiere herausgeschoben wurden, über dicht nebeneinander montierte, breite Rollen nach unten rutschten und von dem in der Runde laufenden Hartgummiband davongetragen wurden. „Dort ist dein Koffer", sagte der Vater. Jörg wartete, bis er herangefahren war, und nahm ihn herunter. „Aha, jetzt kommt meiner", Jörgs Vater deutete wieder auf die Öffnung, doch dann rief er plötzlich erregt: „Halt, hallo, was machen Sie denn da, das ist mein Koffer." Er begann zu rennen. Die Leute schauten ihn entgeistert an. Jörg starrte ungläubig auf den dünnen Mann mit der Baskenmütze, der sich Vaters Koffer geschnappt hatte, noch ehe er ganz durch die Öffnung gerutscht war.

Jörg löste sich aus seiner Erstarrung und begann nun ebenfalls zu rennen. Er war schneller als der Vater, überholte ihn und kam dem dünnen Mann immer näher. Er konnte sehen, wie er nach rechts in einen schmalen Korridor einbog und über eine Wendeltreppe nach unten verschwand. Jörg hörte seinen Vater nach ihm rufen, aber er liess sich nicht aufhal-

ten, sein Atem ging schnell, er bekam Seitenstechen, aber er gab nicht auf. Auf der Wendeltreppe wurde es ihm ein wenig schwindelig, er schwitzte und hustete ein bisschen, aber als er unten ankam, sah er den Mann mit der Baskenmütze wieder. Sie waren in einem riesigen Raum, in dem eine Menge

Postwagen mit Paketen standen. Der Dieb lief Slalom um die Karren herum. Immer wieder verlor ihn Jörg aus den Augen. Dann sah er ihn durch eine Schwingtür rennen. Jörg verfolgte ihn, stiess die Tür auf und rannte – Kopf voran – in den Bauch eines Mannes, der ihn festhielt.
„Was tust den du hier?“ wollte er wissen.
Jörg bekam zunächst keine Luft, dann brachte er stossweise heraus: „Ich... ich... verfolge einen Dieb, er hat meinem Vater den Koffer geklaut.“
Der Mann lachte, und es klang hässlich.
Erst jetzt hob Jörg den Kopf und schaute ihm direkt ins Gesicht.
Es war der Mann, mit dem Senator Bleibtreu am Abfertigungsschalter in Stuttgart geredet hatte. „Jetzt atme erst mal richtig durch“, sagte der Mann, „und dann hör auf zu phantasieren.“
Jörg lief es kalt über den Rücken, denn plötzlich bildete er sich ein, dass er diese Stimme schon einmal gehört hatte. Vor acht Tagen, abends kurz nach neun Uhr an der Tür zu Vaters Labor. War das der Mann, dem er den Stein ins Kreuz gepfeffert hatte, und wenn es so war, war dann der andere womöglich sein Komplize? Nur nichts anmerken lassen, dachte Jörg, und dann sagte er so beiläufig wie möglich: „Sie könnten mich eigentlich wieder loslassen.“
„Okay“, sagte der Mann, „und wo willst du nun wirklich hin?“
„Zur Polizei“, sagte Jörg mit möglichst fester Stimme.
„Aha, zur Polizei.“
„Ja, wissen Sie, wo ich da hin muss?“
„Nein, aber du gehst am besten wieder die Treppe hoch und fragst bei der Auskunft“, als der Mann das sagte, grinste er breit, und Jörg sah, dass er auf der rechten Seite unten keine Zähne im Mund hatte.

So schnell er konnte, hastete Jörg, ohne sich umzusehen, die Wendeltreppe hinauf, er stiess die Tür zur grossen Halle auf und befand sich in dem verwirrenden Hin und Her eiliger Reisender. Lautsprecheransagen, Zurufe von Menschen und das ferne Geheul startender Maschinen mischten sich zu einem undurchdringlichen Lärmgewirr. Hilflos sah sich der Junge um. Eine hübsche Stewardess kam lächelnd auf ihn zu und fragte ihn, was er suche.
„Die Polizei – ich muss ein Verbrechen melden."
Ohne das Lächeln auch nur um einen Deut zu ändern, sagte die junge Dame: „Ich begleite dich hin." Im kleinen Büro der Flughafenpolizei sass schon Jörgs Vater. Er war bleich und wirkte ratlos. Stumm legte er dem Jungen seinen Arm um die Schultern.
„Was machen wir denn jetzt?" fragte schliesslich Jörg.
„Ich weiss es auch nicht."
„Aber irgendwas muss doch geschehen, in dem Koffer sind doch deine ganzen Konstruktionsunterlagen."
Hilflos hob Doktor Meixner seine Schultern: „Ich habe das Gefühl – jetzt ist alles aus."
Jörg wurde richtig ärgerlich: „Unsinn!"
„Sehr richtig", sagte ein alter grauhaariger Polizist, der den beiden zugehört hatte, „jetzt erzähl mir mal, mein Junge, was du im einzelnen beobachtet hast."
Jörg schilderte genau seine Abenteuer und erntete dafür ein anerkennendes Kopfnicken des Polizeibeamten. „Du hast uns sehr geholfen", sagte er abschliessend.
„Okay", entgegnete Jörg, „dann können Sie mir jetzt auch mal helfen."
„Gerne, wie denn?"
„Lassen Sie mich bitte mal telefonieren – ein Ferngespräch." Der Polizist schob ihm den Apparat zu. Jörg wählte, dann sagte er in die Muschel hinein: „Ich bin's, Jörg, hör

zu, Onkel Heinz, es ist was Furchtbares passiert. Papas Koffer wurde geklaut – hier auf dem Flughafen. Du musst sofort kommen."

Jörgs Vater wollte eingreifen, aber Jörg sagte schnell: „Mit Vater kannst du jetzt nicht reden, der ist ganz durcheinander. Also du kommst, wir wohnen – wo wohnen wir, Vater?"

„Hotel Imperial", sagte er automatisch.

„Wir wohnen im Hotel Imperial, dort warte ich auf dich. Prima, Klasse, Tschüs."

„Na?" fragte der freundliche Polizeibeamte.

„Mein Onkel kommt spätestens morgen früh, der bringt das in Ordnung", sagte Jörg im Brustton der Überzeugung.

„So", sagte der Polizist, „was macht dein Onkel denn so?"

Jörg erhob sich zu seiner ganzen Grösse: „Er ist der beste Tierarzt von Stuttgart."

„Ja dann!" lachte der Polizist.

Die Niederlage auf der Messe

Onkel Heinz wirbelte in das Hotelzimmer von Jörg und dessen Vater wie ein Taifun. Es war acht Uhr morgens.
„Was, ihr liegt noch in den Betten?“ trompetete der dicke Tierarzt, „wir haben doch Arbeit – oder?“
Jörg rieb sich die Augen. „Bist du schon da?“
„Klar, ich hab die erste Maschine genommen, meine Patienten übernimmt mein Kollege Mauch.“
„Du hättest nicht kommen sollen“, sagte Jörgs Vater mit müder Stimme.
„Darüber brauchen wir uns jetzt nicht mehr zu streiten, weil ich ja schon da bin.“ Jörgs Onkel hob das Telefon ab und rief fröhlich hinein: „Ist dort der Zimmer-Service? Wunderbar! Bringen Sie mir fünf hartgekochte Eier, eine Portion Schinken, eine Portion Käse, Toast, Schwarzbrot, frische Brötchen, einen Liter Orangensaft und Marmelade, klar? Gut! – Oh, Moment noch...“ Er drehte sich zu den beiden anderen um: „Wollt ihr auch eine Kleinigkeit essen?“ Jörg nickte, da rief Onkel Heinz schon ins Telefon: „Noch mal das gleiche und für meinen Neffen eine grosse Portion Schokoladeneis... Ja, Sie haben richtig verstanden... Ja, wissen Sie das denn nicht, Schokoladeneis kann man zu jeder Tageszeit essen – das sollten Sie mal selber probieren“, damit haute er den Hörer auf die Gabel und lachte, dass die Hotelzimmerfenster klirrten.
Zum erstenmal seit dem schrecklichen Erlebnis in der Flughafenhalle lächelte Jörgs Vater.
Onkel Heinz warf seinen Mantel auf das Doppelbett, klatschte in die Hände und fragte strahlend: „Was machen wir nun?“

„Am besten holen wir einen Psychiater für dich“, sagte Jörgs Vater.
„Was ist ein Psychiater?“ wollte Jörg wissen.
„Ein Doktor für uns Verrückte, ein Tierarzt für komische Viecher wie mich“, lachte Onkel Heinz.
Ein Kellner kam mit einem grossen Servierwagen, beladen mit all den herrlichen Sachen, die Onkel Heinz bestellt hatte.
„Jetzt wird erst mal gegessen, und dann machen wir einen Schlachtplan“, verkündete er. Dem Kellner gab er ein grosses Trinkgeld.
„Hast du im Lotto gewonnen?“ fragte Jörgs Vater befremdet.
Der Onkel lachte: „Ne, aber ich komme so selten in ein Hotel, und wenn ich dann doch mal in eins komme, tu ich so, als ob ich ständig in diesen Nobelschuppen verkehren würde.“
„Du spinnst“, stellte Jörgs Vater fest.
„Und wenn schon, ich bin nicht verheiratet, also geht's nur mich was an.“ Dann schlug er mit der Faust auf das mickrige Hotelzimmertischchen, dass man das Gefühl hatte, das hölzerne Ding gehe in die Knie, und sagte: „Schluss mit der Diskussion, jetzt wird das Zeug hier verfrühstückt, klar!“
Tatsächlich schafften sie es, all die Herrlichkeiten wegzuputzen, wobei freilich der Onkel den Löwenanteil verzehrte. Jetzt wischte er sich mit der weissen Hoteldamastserviette den Mund ab, rülpste ein wenig und sagte: „Max, ich bin hier, um deine Unterlagen zurückzuholen und diesem aufgeblasenen Senator seine Flausen auszutreiben, lass uns einen Plan machen.“
Onkel Heinz legte seine Füsse auf den roten Hotelzimmersamtsessel und zündete sich eine lange, dicke Zigarre an. Der Plan, den er seinem Schwager Max und seinem Neffen Jörg auseinandersetzte, wurde von seinen beiden Zuhörern

unterschiedlich aufgenommen. Jörg klatschte begeistert in die Hände. Sein Vater schüttelte ungläubig den Kopf und sagte ein ums andere Mal: „Das wird nie was, das wird ganz bestimmt nie etwas."
Trotzdem erklärte er sich bereit, den ersten Teil des Schlachtplans auszuführen. Er rief Senator Bleibtreu im Hotel an, nachdem er von dessen Sekretärin in Stuttgart erfahren hatte, wo er wohnte.
„Ja, hier Bleibtreu", meldete sich der Senator.
„Hier spricht Meixner."
„Oh, guten Tag, sind Sie hier in Hannover?"
„Ja, und ich wollte an unser Gespräch von neulich anknüpfen."
„Anknüpfen, so, so."
„Tja, ich habe mir's überlegt, es war dumm von mir, Ihr Angebot so brüsk abzulehnen, ich würde gerne nochmals mit Ihnen verhandeln."
„Tja, mein Lieber..." Jörgs Vater verzog das Gesicht bei dieser Anrede, „... also, mein lieber Herr Doktor Meixner, nachdem Sie neulich so seltsam reagiert haben, dachte ich eigentlich nicht ... natürlich rede ich jederzeit gerne mit Ihnen. Nur jetzt ... wissen Sie, ich bin wirklich sehr beschäftigt, Termine, Termine, Sie kennen das ja. Lassen Sie uns darüber reden, wenn wir wieder beide zu Hause in Stuttgart sind."
„Ja, Sie haben recht", antwortete Doktor Meixner mit einer Stimme, die Jörg gar nicht an ihm kannte.
Onkel Heinz machte eine beschwichtigende Geste und flüsterte leise: „Immer freundlich bleiben."
„Ich werde mich also wieder melden", sagte Jörgs Vater und legte schnell auf. Dann schaute er die beiden an und fasste das Telefongespräch in einem Satz zusammen: „Er hat kein Interesse mehr."

„Klar“, sagte Onkel Heinz, „das ist der Beweis dafür, dass er deine Unterlagen hat.“
„Sagen wir mal, es ist ein Hinweis, ein Beweis ist es noch nicht.“
„Du bist übervorsichtig.“ Onkel Heinz schwang seine Beine von dem roten Samtsessel und sprang auf die Füsse. „Für mich ist der Fall klar – und das bedeutet...“
„Für mich würde das eine Katastrophe bedeuten“, unterbrach ihn Herr Meixner, „ich kann den Leuten doch nicht mehr unter die Augen treten.“
„Welchen Leuten?“ wollte Onkel Heinz wissen.
„Nun, den Männern von den Flugzeugwerken, die alle ganz gespannt sind auf meinen neuen Werkstoff – sie hatten sowieso Bedenken, weil wir nur ein so kleines Werk sind – ich muss ihnen doch vorkommen wie ein Scharlatan.“
„Was?“ fragte Jörg.
„Einer, der beschummelt, der so tut, als ob er etwas könnte, und der es dann doch nicht kann.“
„Dann ist doch der Senator Bleibtreu ein ... so ein Tarlaschan, oder wie das heisst.“
„Scharlatan heisst es, und du hast recht“, rief Onkel Heinz.
„Trotzdem wird er das Geschäft machen, und ich stehe da wie ein Lügner.“
„Das wollen wir erst noch sehen“, sagte Onkel Heinz, „ich jedenfalls verkleide mich jetzt.”
Zwei Stunden später machten sich Jörg und sein Vater auf den Weg zur Messe – Onkel Heinz hatte schon vor ihnen das Hotel verlassen. Das Gelände, auf dem Firmen aus aller Welt ihre Produkte anboten, hatte sich Jörg nicht so gross und weitläufig vorgestellt. Riesige Baumaschinen, Lastwagen, Flugzeuge, Förderbänder und viele andere Anlagen standen blitzend und blinkend auf den grossen Flächen zwischen den eigentlichen Messehallen.

Jörgs Vater wurde ungeduldig, als der Junge immer wieder staunend stehenblieb, wenn eine der Riesenmaschinen in Bewegung gesetzt wurde, um sie den Interessenten vorzuführen. „Ich habe einen Termin“, sagte Herr Meixner und schaute nervös auf die Uhr, „ich kann die Herren nicht warten lassen.“ Sie gingen durch ein breites Tor in eine der Hallen und durch schmale Korridore zwischen den Ausstellungsständen, bis Jörgs Vater vor einer Art Theke stehenblieb, hinter der sich einer der grössten Firmenstände befand. Eine Frau liess sich von Doktor Meixner eine Visitenkarte geben und verschwand hinter einem purpurroten Vorhang, über dem ein Schild mit der Aufschrift „Besprechungsraum“ angebracht war.

Der ganze Stand war mit einem dicken Teppich ausgelegt, der dieselbe Farbe hatte wie der Vorhang. Auf silbernen Quadern standen Flugzeugmodelle und Flugzeugteile, Querschnitte von Flügeln und Leitwerken. Fasziniert ging Jörg von Ausstellungstisch zu Ausstellungstisch. Sein Vater gab ihm ein Zeichen, dass er warten solle, bis er von der Besprechung zurück sein würde. Dann verschwand er hinter dem Vorhang.

Jörg streifte ein wenig durch die Halle, in der fast ausschliesslich Flugzeugwerke und Zubehörfirmen ausgestellt hatten. Plötzlich blieb er überrascht stehen. Direkt vor ihm leuchteten in hellem Neonlicht die Buchstaben ALLPLAST-WERKE auf. Es war einer der kleineren Stände. Auf grossen Tafeln sah man Fotos von der Entstehung der Kunststoffe, die in der Fabrik des Senators Bleibtreu angefertigt wurden. Einzelne Werkstücke waren auf eine grosse Spiegelglasfläche montiert. Und dann hielt Jörg plötzlich den Atem an. In grossen roten Buchstaben war auf eine der Glasflächen geschrieben:

Noch nicht im Angebot
aber fertig entwickelt
unser neuer glasfaserverstärkter
Kunststoff
Informieren Sie sich

Jörg ballte die Fäuste und murmelte: „Diese Schweine!“ Da spürte er eine Hand auf seiner Schulter. Er drehte sich um. Onkel Heinz stand vor ihm. „Nur keine Aufregung“, sagte der grosse Mann, der in seiner Verkleidung ganz fremd auf Jörg wirkte. Onkel Heinz trug einen dunklen Anzug mit schmalen silbernen Streifen, dazu eine silbergraue Weste und eine silberne Krawatte. Auf dem Kopf trug er eine schwarze Melone, und über seinem rechten Unterarm hing ein eleganter Regenschirm. „Darf ich mich vorstellen“, lächelte Onkel Heinz, „mein Name sein Sir John Steadly, ich bin kommend aus London“, er sprach in gebrochenem Deutsch mit englischem Akzent, „ich bin sehr interessted über das neue Werkstoff.“
Dann beugte er sich schnell zu Jörg hinunter: „Schnell, mach dich aus dem Staub, der Senator kommt.“
Jörg schlich sich davon. Er hatte eine Mordswut im Bauch, ein Gefühl, als ob er eine Drahtbürste verschluckt hätte. Langsam ging er zu dem Stand des Flugzeugwerks zurück, wo der Vater sein Gespräch führte. Unschlüssig stand der Junge in der Nähe des roten Vorhangs herum. Plötzlich hörte er die Stimme seines Vaters. Vorsichtig pirschte er sich näher heran.
„Sie müssen mir das glauben!“ hörte er seinen Vater erregt sagen.
„Aber ich bitte Sie!“ sagte nun eine fremde, tiefe Männerstimme, „mit glauben kommen wir da nicht weit, was ich brauche, sind Werkstücke, ich muss das Material sehen, an-

fassen und testen können. Wir wissen ja, dass Sie ein hervorragender Fachmann sind, aber Sie müssen mich doch auch verstehen, ich kann nun mal nicht auf Treu und Glauben..."
Jörgs Vater unterbrach seinen Gesprächspartner: „Ich habe schon verstanden", sagte er schroff. Der Vorhang wurde aufgerissen, und Doktor Meixner kam heftig atmend und mit hochrotem Kopf aus dem Besprechungsraum. Ein älterer Mann folgte ihm.
„Verstehen Sie doch...", sagte er hilflos.
„Ich sage doch, dass ich verstanden habe", schnaubte Jörgs Vater wütend und fasste nach Jörgs Hand: „Komm!"
„Moment noch!" sagte Jörg und drehte sich zu dem Mann

um, „mein Vater hat einen einmaligen Kunststoff entwikkelt“, der Junge musste seinen ganzen Mut zusammennehmen, um dem fremden Mann voll ins Gesicht zu sehen, „und jetzt hat man ihm die Unterlagen alle geklaut und die Werkstücke auch, aber wir kriegen sie wieder und dann...“ Jetzt fiel ihm nichts mehr ein.
Der fremde Mann sah interessiert auf Jörg hinunter: „Einen Augenblick“, sagte er, ging schnell in den Besprechungsraum zurück und kam mit einem silberglänzenden Flugzeugmodell wieder. „Da“, sagte er.
Jörg hielt die elegante Maschine in den Händen, schaute sie einen Moment an und legte sie vorsichtig auf die Theke. „Das macht's auch nicht besser“, sagte er dann und lief hinter seinem Vater her, der langsam und niedergeschlagen vorausgegangen war.
Herr Meixner besuchte nacheinander noch eine ganze Reihe von Flugzeugfirmen – aber das Ergebnis war immer gleich. Seine Gesprächspartner waren zwar alle sehr freundlich und interessiert, aber ohne die Unterlagen und die Werkstücke war es Jörgs Vater nicht möglich, Aufträge für seine Fabrik zu bekommen.
Es wurde Abend. Die Messe schloss ihre Tore. Jörg hatte müde Beine, und in seinem Kopf summte und rumorte es von den vielen Eindrücken des Tages. Abgespannt und niedergeschlagen sass er neben seinem Vater in dem Taxi, das sie zum Hotel zurückbrachte. Sie assen schweigend im Speisesaal, und dann schickte Herr Meixner den Jungen aufs Zimmer. Von Onkel Heinz hatten sie den ganzen Tag über nichts gehört.
Jörg lag angezogen auf dem Bett und starrte an die Decke. Er war unglücklich. Wie konnte man dem Vater helfen? Unruhig stand er auf und ging im Zimmer auf und ab, dann warf er sich wieder aufs Bett, sprang aber gleich wieder in die

Höhe, um rastlos hin und her zu laufen. Zwischendurch versuchte er in einem Buch zu lesen, das er mitgenommen hatte, aber auch das lenkte ihn nicht ab.
Schliesslich zog er noch mal seine Schuhe an und beschloss, den Vater zu suchen. Er fuhr mit dem Aufzug ins Erdgeschoss. Im Speisesaal war er nicht mehr. Ein Kellner sagte: „Herr Doktor Meixner ist in die Bar gegangen", und deutete auf einen bogenförmigen Durchgang. Jörg betrat die Bar. Sofort sah er seinen Vater. Er hing mehr als er sass auf einem hochbeinigen schmalen Hocker, vor sich ein Glas mit Eiswürfeln und einer hellbraunen Flüssigkeit, die er jetzt in einem mächtigen Zug austrank. „Noch 'n Whisky", hörte Jörg seinen Vater sagen, und er merkte sofort, dass seine Stimme dabei seltsam verändert klang.
Jetzt fiel der Dame hinter der Bar auf, dass Jörg in der Tür stand und ihren Gast anstarrte. Sie schob Jörgs Vater ein volles Glas zu und kam um die hohe Bartheke herum. Jörg sah sie staunend an: Sie balancierte auf sehr hohen Absätzen und konnte deshalb nur kleine trippelnde Schritte machen. Ihr Kleid hatte einen Ausschnitt, der fast bis zum Bauchnabel ging. Man konnte beinahe ihren ganzen Busen sehen. „Kinder dürfen hier nicht rein", sagte sie mit einer ziemlich tiefen Stimme.
„Ich, ich...", stotterte Jörg, dann sagte er entschlossen, „ich habe meinen Vater gesucht."
„Ach, ist das da dein Papa?" fragte die Dame.
Jörg nickte.
„Der hat aber schon ziemlich viel getrunken", sagte sie.
Jörg, der seinen Vater noch nie betrunken gesehen hatte, fragte: „Ist das schlimm?"
Die Frau lachte: „Das kommt bei uns oft vor, vor allem, wenn unsere Gäste Kummer haben – hat dein Vater Kummer?"

Jörg nickte heftig und erzählte der freundlichen Dame in wenigen Sätzen, was ihnen passiert war.
„Oje, das ist ja vielleicht ein Ding!“ sagte die Barfrau schliesslich, dann ging sie zu Jörgs Vater hinüber und legte ihm sanft die Hand auf die Schulter: „Ihr Sohn sucht Sie.“
Herr Meixner fuhr herum: „Was ’n los?“ fragte er und starrte mit glasigen Augen auf Jörg hinunter, dabei schwankte er mit dem Oberkörper leicht hin und her. „Vater, kommst du?“ sagte Jörg.
„Ich muss noch was trinken“, Herr Meixner konnte die Wörter nicht mehr richtig aussprechen.
„Ich glaube, Sie haben schon genug“, sagte die Barfrau.
„Quatsch“, brummte Herr Meixner, „so’n Quatsch, Sie sind doch da, um das Zeug zu verkaufen, oder?“
„Aber ich muss mich auch darum kümmern, dass es unseren Gästen gut geht“, gab sie lächelnd zurück.
„Mir geht’s nicht gut“, lallte Jörgs Vater, „mir geht’s gar nicht gut, ich bin ein Versager, so ein fürchterlicher Versager – noch ’n Whisky.“
„Nein“, sagte die Frau bestimmt.
Herr Meixner schlug krachend mit der Faust auf die Theke.
„Whisky“, brüllte er.
Jörg bekam langsam Angst. So hatte er seinen Vater noch nie gesehen. Er wirkte richtig krank.
„Komm, wir gehen“, sagte der Junge mit schwacher Stimme. Der Vater liess sich von seinem Hocker rutschen und ging gleich in die Knie. Die Barfrau stützte ihn.
„Ich suche jemand, der Ihnen hilft“, sagte sie fürsorglich.
„Nicht nötig!“ tönte es da von der Tür her. Onkel Heinz stand breitbeinig unter dem Rundbogen, in der linken Hand hielt er seinen komischen runden Hut, in der rechten den eleganten Schirm.
Er legte Hut und Schirm auf einen der Barhocker, fasste sei-

nen Schwager um die Hüfte, zwinkerte der Frau zu und sagte: „Jetzt bring ich den Herrn ins Bett und den jungen Mann da auch, und dann trinken wir beide noch einen Tropfen."
Die Frau lachte: „Ich werde in einer halben Stunde abgelöst."
„Um so besser", trompetete Onkel Heinz, „dann gehen wir in eine andere Kneipe, wo's nicht so teuer ist."
Die Frau schüttelte den Kopf: „Was denken Sie denn, ich muss nach Hause."
„Na gut, dann begleite ich Sie", sagte Onkel Heinz bestimmt. Er führte Jörgs Vater vorsichtig zur Tür. Dort drehte er sich noch mal um und rief: „Sie gefallen mir nämlich ganz gut."
„Also so was!" sagte die Frau und begann Gläser abzuwaschen. Jörg sagte höflich: „Auf Wiedersehen." Dann marschierte er hinter Onkel Heinz und seinem schwankenden Vater her zum Aufzug.
Im Lift sagte Onkel Heinz: „Morgen holen wir uns die Unterlagen zurück", aber Jörgs Vater hörte nicht mehr zu. Er lehnte an der Wand der Aufzugkabine. Die Augen waren ihm zugefallen.

Da muss noch was zu machen sein

Am anderen Morgen klopfte es schon kurz nach sieben Uhr an die Hotelzimmertür. Jörg wachte auf und öffnete. Onkel Heinz stand in seiner englischen Verkleidung draussen.
„Schläft dein Vater noch?“ fragte er flüsternd.
Jörg nickte.
„Dann zieh dich schnell an und komm, ich warte beim Empfang auf dich.“
Der Junge stieg schnell in seine Kleider, legte seinem Vater einen Zettel auf den Tisch – „Bin mit Onkel Heinz weggegangen“ – und fuhr mit dem Aufzug ins Erdgeschoss.
Onkel Heinz sass in einem bequemen Lehnsessel und las in einer Zeitung. Als Jörg kam, sprang er schnell auf.
„Meinen Plan für heute erzähle ich dir unterwegs“, sagte er und legte dem Jungen einen Arm um die Schultern. So gingen sie eine breite Strasse hinunter. „Ich habe mich im teuersten Hotel eingemietet, sonst glauben die mir den englischen Gentleman nicht“, berichtete der Onkel, „um neun Uhr kommt Senator Bleibtreu, um unsere Verhandlungen von gestern fortzuführen. Er wird alle Unterlagen mitbringen. Für uns ist das die Gelegenheit, das Material wieder zu beschaffen.“
„Wie willst du das denn machen?“ wollte Jörg wissen.
„Das will ich dir ja gerade erzählen“, gab der Onkel zurück, „wir gehen in dem kleinen Café dort drüben frühstücken, und dann erfährst du alles, was du wissen willst.“
Das erste, was Jörg erfuhr, war die Tatsache, dass in dem Café die Barfrau auf sie wartete. „Du kennst ja Frau Niedlich von gestern abend“, sagte Onkel Heinz. Jörg gab der Frau die Hand. „Ich habe sie zu unserer Komplizin gemacht“, die Stimme des Onkels klang verschwörerisch.

Ein Kellner brachte für Jörg eine grosse Tasse dampfender Schokolade und drei Butterhörnchen. Onkel Heinz bekam einen grossen Teller mit Schinken und Spiegeleiern. Frau Niedlich trank nur eine Tasse Tee.
„Also, pass auf", begann der Onkel, „der Senator kommt, wie gesagt, um neun Uhr in mein Hotel, er bringt die Konstruktionsunterlagen und die Werkstücke mit. Dich verstecke ich im Kleiderschrank. Dann gehe ich irgendwann mit einem der Werkstücke ins Badezimmer, weil dort das Licht besser ist oder so – irgendein Vorwand wird mir schon einfallen. Ich rufe den Bleibtreu dann zu mir herein, und das ist der Augenblick, in dem du aus dem Schrank kommst und den Koffer an dich nimmst. Frau Niedlich wartet beim Empfang unten auf dich. Sie hat ihr Auto dabei und bringt dich zunächst zu sich nach Hause."
Jörg nickte begeistert, sprechen konnte er nicht, weil er den Mund gerade voll hatte.
„Ob die Idee so gut ist, weiss ich wirklich nicht", mischte sich Frau Niedlich ein.
„Die Idee ist glänzend", trompetete Onkel Heinz im Brustton der Überzeugung.
„Sollten wir nicht lieber zur Polizei gehen?"
„Die Polizei ermittelt ja, aber dem Senator ist es gestern gelungen, die Beamten davon zu überzeugen, dass es sich um Konstruktionsunterlagen aus seinem eigenen Werk handelt. Er hat alle Schriftstücke fotokopiert und dabei den Firmenstempel von Doktor Meixner abgedeckt. Anschliessend hat er den eigenen Stempel draufgehauen. Es gibt keine sichtbaren Hinweise dafür, dass es sich um Zeichnungen, Berechnungen und Werkstücke von Jörgs Vater handelt."
„Aber dann nützt es doch gar nichts, wenn wir ihm das Zeug wieder klauen", sagte Jörg, „er hat dann immer noch die Originalunterlagen von Vater."

„Das ist doch gerade der Trick“, belehrte ihn Onkel Heinz, „ich habe ihm klargemacht, dass ich die Originale sehen muss, ehe ich in Vertragsverhandlungen eintrete.“
„Aber die kann er doch gar nicht zeigen, weil Doktor Meixners Firmenstempel drauf ist“, sagte Frau Niedlich.
„Meine liebe Frau Niedlich, der ist viel gerissener, als Sie denken. Gestern hat er mir erklärt, die Entwicklungen seien von einem Ingenieur-Büro in seinem Auftrag gemacht worden. Er wird mir heute weismachen, Doktor Meixner sei so etwas wie ein Mitarbeiter von ihm.“
„Dieser Gauner“, schimpfte Jörg.
„Das ist wirklich gerissen“, sagte Frau Niedlich.
„Aber wir sind noch gerissener“, lachte Onkel Heinz selbstzufrieden. Zwei Stunden später musste er freilich erfahren, dass er sich darin gründlich getäuscht hatte.
Jörg sass im geräumigen Schrank in Onkel Heinz’ vornehmem Hotelzimmer. Er hörte, wie es draussen klopfte. Sein Puls ging plötzlich viel schneller. Er war aufgeregt, seine Hände wurden schwitzig.
Onkel Heinz begrüsste den Senator auf englisch, und der antwortete in der gleichen Sprache. Jörg verstand erst, was sie sprachen, als der Senator mit scharfer Stimme sagte: „Wer sind Sie eigentlich, raus mit der Sprache!“
„Ich verstehe Sie nicht“, sagte der Onkel mit unsicherer Stimme.
„Wenn Sie mich reinlegen wollen, müssen Sie früher aufstehen, Sie Westentaschenganove“, fuhr ihn der Senator an.
„Na, erlauben Sie mal!“ Vor Aufregung war Onkel Heinz plötzlich sein englischer Akzent abhanden gekommen.
„Ach, lassen Sie doch das Versteckspiel“, fuhr ihn Herr Bleibtreu an, „ich habe mich sofort nach Ihrem Besuch gestern erkundigt. In London gibt es zwar die Firma „Aviation“, aber dort kennt man keinen Sir John Steadly. Der

Vertreter der Firma Aviation, der zur Zeit in Hannover ist, heisst William Crossland und hat mir gestern abend seine Aufwartung gemacht. Er wohnt genau wie ich im Hotel Excelsior und ist übrigens sehr an meinem Werkstoff interessiert."

„An Ihrem Werkstoff?" Onkel Heinz war empört, „Sie wissen so gut wie ich, dass es sich um den Werkstoff von Max Meixner handelt."

„Ach so, jetzt verstehe ich", sagte der Senator mit hämischer Stimme, „Sie arbeiten für Meixner. Lassen Sie sich mal was sagen: Meixner war wirklich weiter als wir, aber unserer Entwicklung fehlten nur noch ein paar wenige Details. Ich habe Meixner angeboten, mit uns zusammenzuarbeiten. Das wäre das beste für ihn gewesen. Jetzt mache ich das Geschäft ohne ihn, und glauben Sie ja nicht, dass er noch eine Chance hat. Dieser Schwachkopf hat doch..."

Jörg hielt es nicht mehr in dem dunklen Schrank. Als Bleibtreu seinen Vater einen Schwachkopf nannte, stiess er die Tür mit einem Knall auf, sprang heraus, rannte auf den Senator zu und trat ihm mit aller Kraft gegen das Schienbein. Der vornehme Herr Senator gab einen Schmerzensschrei von sich und sprang auf, er holte zu einer Ohrfeige aus, schlug aber daneben, weil Jörg geduckt auf ihn losging und ihm seinen Kopf in den Bauch rammte, dass dem Mann für Sekunden die Luft wegblieb.

„Lass das!" sagte Onkel Heinz scharf, „wir werden mit diesem sauberen Herrn auch anders fertig."

Senator Bleibtreu zog sein Jackett zurecht, sagte schweratmend, „das wird Folgen haben" und verliess mit erhobenem Haupt das teure Zimmer von Onkel Heinz.

„Ich bin vielleicht eine Flasche", sagte der Onkel und liess sich schwer in einen Sessel fallen.

Jörg ging zum Fenster und sah auf den Parkplatz des Hotels

hinab. Senator Bleibtreu hastete die Treppe hinunter und ging auf einen grossen schwarzen Wagen zu. Ein Mann sprang heraus und öffnete die Tür zum Fond des Autos. Bleibtreu redete wild gestikulierend auf ihn ein und zeigte zu dem Fenster hinauf. Der Fahrer blickte in die Richtung. Jörg erkannte das Gesicht. Es gehörte dem Mann, der ihn gestern im Flughafengebäude aufgehalten hatte. Senator Bleibtreu schlug die Tür zum Fond von aussen zu und setzte sich selbst ans Steuer. Der andere Mann nickte ein paarmal. Offensichtlich gab ihm der Senator Anweisungen. Dann fuhr der schwere Wagen davon. Der zurückbleibende Mann

ging auf die gegenüberliegende Strassenseite und bezog Posten neben einem Laternenpfahl. Offensichtlich hatte er den Auftrag bekommen, den Hoteleingang zu beobachten.
Jörg erzählte Onkel Heinz, was er gesehen hatte, erntete aber nur ein unwilliges Brummen.
Es klopfte leise an die Tür. Jörg öffnete. Frau Niedlich kam herein. „Ist etwas schiefgegangen?" wollte sie wissen.
„Alles", sagte Onkel Heinz niedergeschlagen, „ich bin wohl doch nicht so gerissen, wie ich gedacht habe."
„Aber das ist doch kein Grund, gleich den Kopf hängen zu lassen", sagte Frau Niedlich, „wie heisst der Spruch? Wir haben eine Schlacht verloren, aber nicht den Krieg."
Der Onkel lachte ein wenig gequält. Dann stemmte er sich aus dem Sessel hoch. „Ich muss erst mal aus diesem teuren Schuppen ausziehen, und dann werde ich am besten wieder zu meinen Viechern nach Hause fahren."
Frau Niedlich stellte sich vor ihn hin und schaute ihm ins Gesicht: „Geben Sie immer so schnell auf?" Überrascht sah er auf die zierliche Frau hinunter und sagte: „Eigentlich nicht. Sie haben recht, es muss noch was zu machen sein."
Mit ein paar Handgriffen warf Onkel Heinz seine Kleider in den Koffer. Sie fuhren zum Empfang hinunter. Der Onkel zahlte knurrend die Rechnung. Dann verliessen sie das Hotel. Frau Niedlich hängte sich links bei Onkel Heinz und rechts bei Jörg ein und führte sie über den Vorplatz zu einem kleinen Auto. „Da drüben steht der Mann, der uns beobachtet", sagte Jörg leise.
„Den werden wir gründlich durcheinanderbringen", meinte Onkel Heinz, dessen gute Laune langsam wieder zurückkehrte, „jeder von uns nimmt seinen eigenen Weg, und wir treffen uns wieder im Frühstückszimmer von eurem Hotel."
Während Onkel Heinz langsam in eine Seitengasse schlenderte, bestieg Frau Niedlich ihr kleines Auto, und Jörg

trabte die breite Strasse hinunter, auf der sie vor einer Stunde gekommen waren. Aus den Augenwinkeln konnte er noch sehen, wie der Mann, der sie beobachtet hatte, dem Onkel folgte.

„Es muss noch was zu machen sein", dieser Satz von Onkel Heinz geisterte weiter in Jörgs Kopf herum. Leise sprach er ihn immer wieder vor sich hin: „Es muss noch was zu machen sein, es muss noch was zu machen sein."

Er blieb einen Moment stehen und dachte nach. Zufällig fiel sein Blick auf eine grosse blaugrüne Schrift an einem Hochhaus auf der anderen Strassenseite.

„Hotel Excelsior" las er. Da wohnte also Senator Bleibtreu, und da war auch der echte Engländer, der Herr Sowieso Crossland, abgestiegen.

Plötzlich fasste der Junge einen Entschluss: Er überquerte die Strasse und betrat mit klopfendem Herzen den Vorraum des grossen Hotels.

Jörg findet einen neuen Freund

Der Empfangschef des vornehmen Hotels Excelsior schaute etwas befremdet auf den Jungen hinab, der ihn fragte: „Wo wohnt Herr Crossland aus England?“
„Willst du ihn sprechen?“ fragte der Mann.
Jörg nickte, ohne etwas zu sagen. Er hatte plötzlich einen dicken Kloss im Hals und befürchtete, kein Wort mehr herauszubringen. Am liebsten hätte er auf der Stelle kehrtgemacht.
Der Empfangschef blätterte in einer Kartei.
„Mister Crossland wohnt in Zimmer 411, vierter Stock“, sagte er und warf einen Blick auf das Brett, an dem die Zimmerschlüssel hingen. „Er scheint da zu sein.“ Jörg stieg in den Aufzug. Mit ihm fuhren noch drei Frauen hinauf, die in teure Pelze gekleidet waren und ein seltsames Geruchsgemisch aus unterschiedlichen Parfüms verbreiteten. Unschlüssig stand Jörg in dem langen Korridor auf einem dikken orangefarbenen Teppich. Jetzt wäre noch einmal Gelegenheit gewesen umzukehren. Aber da fiel ihm sein Vater ein, wie niedergeschlagen er gestern gewesen war; und auch an den schrecklichen Satz „Dann bin ich pleite, dann kann ich betteln gehen“ musste der Junge denken. Der Verlust der Unterlagen war offensichtlich für die ganze Familie eine Katastrophe. Sollte er da plötzlich feige sein? Entschlossen ging Jörg auf die dunkle Holztür zu, auf der in goldenen Zahlen die Nummer 411 stand. Er klopfte. Zunächst rührte sich gar nichts. Jörg klopfte nochmals. Die Klinke wurde niedergedrückt, dann öffnete sich die Tür einen schmalen Spalt breit. Überrascht schaute Jörg in das Gesicht eines Mädchens. Das erste, was ihm auffiel, waren ihre Augen, die

so blau waren wie gestern der Himmel über den Wolken.
„Hallo", sagte Jörg verlegen, „ich suche Herrn Crossland."
Das Mädchen schüttelte nur den Kopf.
Sie wird kein Deutsch verstehen, dachte Jörg und versuchte es mit dem wenigen Englisch, das er in den ersten beiden Jahren auf dem Gymnasium gelernt hatte: „I ... I ... want to see Mister Crossland."
Jetzt lachte das Mädchen. „Du kannst ruhig deutsch sprechen."
„Aber ihr kommt doch aus England", sagte Jörg.
„Schon, aber mein Vater ist schon seit sieben Jahren in Deutschland. Ich gehe hier zur Schule."
Das Mädchen sprach völlig richtig, nur wenn ein R in einem Wort war, klang es komisch.
Einen Augenblick lang schauten sich die beiden Kinder schweigend an. Das Mädchen war ungefähr so alt wie Jörg selbst. Sie hatte eine niedliche Stupsnase und blonde Korkenzieherlocken.
„Was willst du von Daddy?" fragte sie.
„Das ist gar nicht so einfach zu erklären, ist er denn da?"
„Nein, er ist auf der Messe, er kommt erst zum Lunch wieder her."
„Lunch, was ist das?" wollte Jörg wissen.
„Na, das Mittagessen."
„Aha."
„Also, was willst du denn von meinem Vater?" fragte sie noch mal.
Jörg druckste herum.
Da sagte das Mädchen: „Komm doch rein und erzähle."
Zögernd ging der Junge in das Zimmer hinein.
Auf einem schmalen Tischchen vor dem Fenster lag ein Schachbrett, auf dem eine Partie aufgebaut war.
„Spielst du Schach?" fragte Jörg.

„Ja, ich habe ein paar Schachaufgaben gelöst, weil mir so langweilig war."
„Ich spiele auch gern Schach", sagte Jörg, und er kam sich dabei ein bisschen unbeholfen vor.
„Wir können ja eine Partie spielen, aber zuerst musst du mir sagen, warum du gekommen bist."
Mit einem Seufzer setzte sich Jörg in einen der Sessel, die mit rotem Plüsch überzogen waren, und erzählte dem Mädchen seine Geschichte. Sie hörte ihm aufmerksam zu, ohne ihn zu unterbrechen. Schliesslich sagte sie: „Das ist aber ziemlich schlimm für euch."
„Das kannst du wohl sagen", gab Jörg zurück.
„Übrigens, wie heisst du eigentlich?" fragte sie nun.
„Jörg Meixner, und du?"
„Mary Crossland."
Jetzt schwiegen sie sich wieder ein bisschen an.
„Willst du jetzt Schach mit mir spielen?" fragte Mary.
„Nein, danke, ich muss wohl zu meinem Vater zurück, er macht sich sonst Sorgen."
„Kannst du ihn denn nicht anrufen?"
Jörg zögerte. Er fühlte sich nicht ganz wohl in seiner Haut: „Ich weiss nicht recht, weisst du, ich bin auf eigene Faust hierhergekommen, mein Vater wäre damit sicher nicht einverstanden."
„Dann komm doch einfach später wieder", sagte das Mädchen. Jörg gab Mary die Hand und sagte: „Okay, wenn ich es machen kann, komme ich nachher noch mal vorbei."
Er konnte es gut machen, denn sein Vater wollte diesmal allein zur Messe gehen, und Onkel Heinz hatte Frau Niedlich zum Mittagessen eingeladen. Er versuchte gar nicht erst, Jörg zu überreden, als der sagte, er wolle lieber im Zimmer bleiben und lesen. Zum Abendessen wollten sie sich dann alle wieder treffen.

Schon eine Stunde später sassen sich Mary und Jörg gegenüber und spielten Schach. Jörg verlor. Er war mit seinen Gedanken nicht so richtig bei dem Spiel, und Mary merkte das. „Ich habe auch darüber nachgedacht“, sagte sie plötzlich, „wenn der Senator … wie heisst er gleich noch mal?“
„Bleibtreu.“
„Komischer Name. Also, wenn der die Unterlagen hat, und wenn er sie euch tatsächlich gestohlen hat…“
„Natürlich hat er sie geklaut, glaubst du, ich schwindle?“
„Nein, nein, aber lass mich doch mal ausreden. Also, ich meine, wenn er die Unterlagen hat, dann sind die doch sicher in seinem Zimmer.“

„Ich verstehe nicht, was du meinst“, sagte Jörg.
„Der Mann wohnt doch auch hier im Hotel, vielleicht können wir in sein Zimmer hineinkommen.“
„Einbrechen?“ Jörg verschlug es fast die Sprache. Aber Mary Crossland schien nichts dabei zu finden. „Warum nicht, er hat euch die Sachen doch auch gestohlen.“
„Er nicht direkt.“
„Aber nach allem, was du erzählst, steckt er dahinter, da gibt es doch eigentlich keine Zweifel...“ Mary unterbrach sich, weil im selben Moment die Tür aufging.
„Hallo, wen haben wir denn da?“ Ein kleiner, untersetzter Mann, der fast genauso angezogen war wie Onkel Heinz in seiner englischen Verkleidung, stand in der Tür.
„Hallo, Daddy“, rief Mary, „das ist Jörg, ein neuer Freund von mir.“
„Hoppla“, rief der Vater, „das ging aber schnell mit dieser Freundschaft.“
Er kam auf Jörg zu und musterte ihn. „Wer bist du, und woher kommst du, junger Mann?“ sagte er, und dabei machte er einen lustigen Kratzfuss.
Mary antwortete für Jörg: „Das ist Jörg Meixner, er kommt aus Stuttgart.“
„Meixner, Meixner?“ Jetzt sah der Engländer den Jungen noch aufmerksamer an. „Ich kenne einen Ingenieur Meixner aus Stuttgart, das heisst, ich kenne ihn eigentlich nicht, aber ich habe von ihm gehört.“
„Das ist mein Vater“, sagte Jörg schüchtern.
„Aber das erklärt noch nicht, warum du hier meinem Fräulein Tochter Gesellschaft leistest.“
„Oh, das ist eine ganz spannende Geschichte“, fuhr Mary dazwischen und haspelte, so schnell sie konnte, alles herunter, was Jörg ihr erzählt hatte. Während sie sprach, wurde der Gesichtsausdruck von Herrn Crossland immer nach-

denklicher. Schliesslich sagte er: „Das ist ja die reinste Räuberpistole, die du mir da erzählst“, seine Augen forschten in Jörgs Gesicht. Der Junge hielt den kritischen Blicken des Mannes stand und brachte schliesslich stockend heraus: „Was Mary gesagt hat, stimmt aber ganz genau.“
Nachdenklich ging Mister Crossland in dem Hotelzimmer auf und ab. „Wenn es stimmt, dann wäre das eine Riesensauerei.“
Er blieb vor Mary stehen: „Pass auf, Darling“, sagte er zu ihr, „ich habe dir etwas zu essen mitgebracht, weil ich zum Lunch verabredet bin. Unten im Speisesaal. Ich kann dich leider nicht mitnehmen, weil es eine wichtige geschäftliche Besprechung ist. Wenn Jörg Lust hat, dir Gesellschaft zu leisten – es ist genug für beide da.“
Die beiden Kinder waren sofort einverstanden. Herr Crossland ging zur Tür. Kurz bevor er das Zimmer verliess, drehte er sich noch einmal um und sagte: „Ich bin übrigens zum Essen mit diesem Senator Bleibtreu verabredet. Jetzt bin ich richtig gespannt, was er mir auftischen wird.“ Dann winkte er den beiden zu und ging hinaus. –
„Das ist *die* Gelegenheit!“ rief Mary eifrig.
„Was?“ wollte Jörg wissen.
„Wenn der Bleibtreu mit Daddy isst, kann er nicht in seinem Zimmer sein.“
„Mensch, du hast Nerven!“ sagte Jörg.
„Ich weiss auch einen Trick“, sagte das Mädchen eifrig, „es gibt einen Sammelschlüssel für alle Zimmer, wenn wir uns den beschaffen können, kommen wir ganz leicht rein.“
„Also, ich weiss nicht.“ Jörg war es nicht wohl in seiner Haut.
„Wenn du zu feige bist, mach ich's alleine“, sagte Mary mit Nachdruck.
„Das kommt ja gar nicht in Frage.“

„Also, machst du mit?“
Jörg erklärte sich einverstanden.
Die beiden warteten noch zehn Minuten, dann folgte Jörg dem Mädchen, das zielbewusst den langen Korridor hinunterging bis zu einer Tür, auf der „Magazin“ stand.
Vorsichtig drückte sie die Klinke nach unten. Der Raum war menschenleer. An der Wand waren Wäschekörbe und Servierwagen aneinandergereiht, gleich neben der Tür war eine kleine gemütliche Sitzecke mit einem ovalen Tischchen davor, auf dem leere Kaffeetassen standen. An der gegenüberliegenden Wand befand sich ein alter Schreibtisch, über dem ein Brett mit vielen Lämpchen hing, unter denen jeweils eine Zimmernummer stand. Unter diesem Brett waren ein paar Haken angebracht, an denen Schlüssel hingen. „Das ist das Zimmer vom Personal“, flüsterte Mary, „die sind jetzt alle beim Essen.“
Rasch überflog sie die Anordnung der Schlüssel, dann griff sie nach einem und zeigte ihn Jörg. Auf dem grossen Metallanhänger stand „Universalschlüssel“. Schnell zogen sich die beiden aus dem Personalzimmer zurück und schlichen wieder den Korridor zu Marys Zimmer hinunter. Als sie die Tür hinter sich zuzog, atmete das Mädchen sichtbar auf: „Das ist schon mal gut gegangen“, sagte sie, „jetzt müssen wir rauskriegen, wo der Herr Bleibtreu wohnt.“ Entschlossen nahm sie den Telefonhörer ab und wählte die Null.
„Ist dort der Empfang?“ fragte sie forsch. „Ich hätte gerne gewusst, in welchem Zimmer Herr Bleibtreu wohnt.“
„Zimmer 527 im fünften Stock; können Sie versuchen, ob Sie mich verbinden können?“
„Warum willst du denn mit ihm sprechen?“ zischte Jörg.
Das Mädchen deckte die Muschel des Telefonhörers mit einer Hand ab und flüsterte zurück: „Will ich ja gar nicht, ich will nur rauskriegen, ob er auf seinem Zimmer ist.“

Jörg war plötzlich voller Bewunderung für das Mädchen. „Geht niemand an den Apparat?“ fragte sie jetzt, „danke, dann versuche ich es später.“ Sie legte auf und rieb sich die Hände.
„Du machst das wirklich Klasse“, sagte Jörg.
„Mir macht das unheimlich Spass“, gab sie zurück, „endlich passiert mal etwas, mir war es sowieso immer so langweilig. Ich weiss überhaupt nicht, warum mich mein Daddy mitgeschleppt hat, wo er doch nie Zeit für mich hat.“
„Wo wohnt ihr eigentlich?“ fragte Jörg.
„In München, aber jetzt können wir nicht mehr quasseln, los, auf geht's!“ Sie sprang auf. Vorsichtig pirschten sie sich durch den Korridor und die Treppe ins nächste Stockwerk hinauf.
Als sie vor Zimmer 527 ankamen, flüsterte Mary: „Ich pass hier auf, und wenn jemand kommt, klopfe ich dreimal an die Tür. Dann versteckst du dich auf alle Fälle. Ist das klar?“
Jörg nickte. Mary schob den Universalschlüssel ins Schlüsselloch. Er drehte sich ganz leicht. Der Junge schlüpfte in das Zimmer des Senators hinein und zog leise die Tür hinter sich zu. Der Raum war dunkel, weil die Vorhänge zugezogen waren. Jörg schaute sich um. Das Zimmer hatte die gleiche Einrichtung wie das von Mister Crossland. Rechts war die Tür zum Bad und zum WC, aber links war noch eine Tür, offensichtlich ging sie zu einem weiteren Raum. Jörg merkte, wie seine Finger zitterten, als er versuchte, die Schranktür zu öffnen. Aber als es ihm endlich gelungen war, fand er nichts als Anzüge, Hemden, Strümpfe und Unterwäsche. Auch in der Kommode war keine Spur von den Unterlagen. Er schaute ins Bad, dann in den Nachttisch. Nichts. Er wollte gerade zur Tür zurückgehen, als es dreimal klopfte. Gehetzt schaute er sich um, dann hechtete er sich auf den Boden und rollte sich unter das breite Bett. Beinahe hätte er aufge-

schrieen, denn er stiess mit dem Kopf gegen etwas Hartes. Wie gelähmt blieb er liegen. Er hörte Schritte, oder war es sein Herz, das so laut klopfte? Die Schritte kamen näher und entfernten sich wieder. Dann war wieder alles still. Jörg versuchte, ruhig zu atmen. Dann tastete er mit seinen Fingern den Gegenstand ab, gegen den er geprallt war. Es war ein Koffer.

Er wartete noch zwei Minuten, die ihm wie eine Ewigkeit vorkamen. Dummerweise hatten sie kein Zeichen für Entwarnung ausgemacht. Schliesslich wagte er es doch, seinen Körper langsam unter dem Bett vorzuschieben. Den Koffer zog er nach. Und da entfuhr ihm ein „Donnerwetter". Es war der Koffer seines Vaters. Jörg liess die Schnallen aufklappen. Das gab ein lautes Geräusch, das ihn zusammenzucken liess. Aber dann vergass er alle Gefahren, denn vor ihm lagen die Skizzen seines Vaters und die Werkstücke. Schnell klappte er den Koffer zu und sprang auf die Beine. Er packte das Gepäckstück und wollte sich gerade aus dem Staub machen, als sein Blick auf die zweite Tür des Zimmers fiel. Da blieb ihm fast das Herz stehen. In der geöffneten Tür stand der Mann, den er morgens noch mit Senator Bleibtreu gesehen hatte, und grinste ihn böse an.

„Schau mal einer diesen kleinen Halunken an", stiess er zwischen den Zähnen hervor und machte einen Schritt auf Jörg zu. Der Junge schätzte die Entfernung zu dem Mann, der auf der anderen Seite des Bettes stand, und zur Tür, die in den Korridor ging. Wenn er zu fliehen versuchte, würde ihm der Mann den Weg abschneiden. Schwer atmend stand er da. In seinem Kopf fuhren die Gedanken Karussell. Wieder machte der Mann einen schleppenden Schritt. Er liess Jörg nicht aus den Augen. Jetzt stand er am Fussende des Bettes, nur zwei oder drei Meter von dem Jungen entfernt. Jörg wollte etwas sagen, aber er brachte keinen Ton heraus.

In diesem Moment ging die Tür zum Korridor ganz leise auf. Mary wollte Jörg Bescheid geben, dass draussen keine Gefahr mehr drohte. Und dann geschah alles auf einmal: Der Mann warf Mary einen Blick zu. Diesen Moment nützte Jörg aus. Er sprang auf das Bett. Einen kleinen Augenblick später machte der Angreifer einen Schritt in die Richtung, in der Jörg gerade noch gewesen war. Mit einem Fluch warf er sich herum und machte einen Hechtsprung, er erwischte Jörg bei den Füssen. Der Junge schleuderte den Koffer in Richtung Tür und brüllte: „Hau ab!“ Der Koffer landete vor Marys Füssen und sprang auf. Die Unterlagen rutschten auf den Korridor hinaus. Jörg trat und schlug nach dem Mann, der ihn mit einem harten Schraubengriff festhielt. Das Mädchen bückte sich blitzschnell und raffte so viele Sachen zusammen, wie sie fassen konnte. Dann raste sie davon.
Der Mann starrte ihr entgeistert nach. Für einen Moment liess er Jörg los. Der rappelte sich sofort auf und versuchte, über die untere Bettkante zu springen. Aber da erwischte ihn sein Gegner schon wieder, hielt ihn am Hemd fest und drehte ihm den Arm auf den Rücken. „So, Bürschchen, du bleibst hier“, zischte er und trieb den Jungen vor sich her bis zur Tür. Ohne ihn aus dem Griff zu lassen, bückte sich der Mann und sammelte mit der linken Hand die Unterlagen, die noch übriggeblieben waren, in den Koffer. Dann schlug er die Tür zu, zerrte Jörg zum Bett und griff mit der freien Hand nach dem Telefon auf Senator Bleibtreus Nachttischchen.

Die Entführung

Mary rannte den Korridor entlang, hastete die Treppe hinunter und in ihr Zimmer. Schwer atmend warf sie sich in den roten Sessel. Sie zitterte am ganzen Körper. Ratlos starrte sie auf den Packen Papier in ihren Händen. Die Zahlen und Zeichnungen sagten ihr nichts. Automatisch begann sie die Blätter sauber aufeinanderzustapeln. Aber in Gedanken war sie noch immer bei der Szene in Zimmer 527. Sie begann wieder vor Angst zu zittern, als sie sich das Bild in Erinnerung rief, wie der Mann ihren neu gewonnenen Freund einfing.

Was sollte sie tun? Mary gab sich einen Ruck. Zuerst verstaute sie die Unterlagen im Kleiderschrank, dann verliess sie das Zimmer und fuhr ins Erdgeschoss des Hotels hinunter. Sie suchte ihren Vater im Speisesaal, aber da war er nicht mehr. Der Mann am Empfang sagte ihr schliesslich, dass Mister Crossland zusammen mit Herrn Senator Bleibtreu weggegangen sei. Mary sah den Portier an; konnte man Vertrauen zu ihm haben? Sie beschloss, es zu versuchen.

„Es ist nämlich“, begann sie stockend zu erzählen, „mein Freund, Jörg Meixner ... also ...“ Sie unterbrach sich, weil sie nicht wusste, wie sie dem fremden Mann erklären sollte, was im fünften Stock geschehen war.

„Na, was ist mit deinem Freund?“ fragte der Mann in der Portiersuniform.

„Er ist gefangengenommen worden.“

„Bitte?“

„Ja, wirklich, ein Mann hat ihn...“

„Mit dir geht wohl die Phantasie ein wenig durch“, sagte der Portier, und es klang ziemlich spöttisch, „warum sollte hier jemand ein Kind gefangennehmen?“

„Weil ... weil, nun, weil wir aus seinem Zimmer etwas herausholen wollten“, platzte Mary schliesslich heraus. Ihr war jetzt egal, was der Mann über sie dachte.
„Wie bitte?“ Jetzt kam er um seinen Tresen herum und starrte das Mädchen ungläubig an, „ihr wolltet was?“
„Wir wollten etwas zurückholen, was der Bleibtreu gestohlen hat.“ Dem Portier verschlug es nun vollends die Sprache. Senator Bleibtreu war einer seiner vornehmsten Gäste, und dieses Gör da behauptete glatt, er sei ein Dieb. Andererseits war auch Mister Crossland ein sehr angesehener Gast. Der Portier schüttelte den Kopf, immer wurden ihm so schwierige Situationen aufgetischt. Ganz langsam sagte er: „Wenn ich dich richtig verstanden habe, dann bist du zusammen mit deinem Freund in das Zimmer des Senators eingedrungen?“
„Ja“, fuhr Mary unwillig dazwischen, „wie oft soll ich das denn noch erzählen.“
„Du weisst, dass das nicht richtig ist“, der Portier hob seinen Zeigefinger und sah sie streng an.
Mary wurde langsam sauer: „Es war aber auch nicht richtig, dass dieser Bleibtreu die Unterlagen von Herrn Meixner geklaut hat oder klauen liess.“
Der Portier schlug die Hände über dem Kopf zusammen: „Jetzt, bitte, hör doch mal mit diesen Räubergeschichten auf; ich habe wirklich keine Zeit, mir weiter anzuhören, was du dir ausgedacht hast.“
Mary stampfte mit dem Fuss auf: „Ich hab mir gar nichts ausgedacht, aber das verstehen Sie ja nicht.“ Sie liess den Portier stehen und ging zur Telefonzelle.
An der Wand waren die wichtigsten Nummern angeschlagen, darunter auch der Notruf der Polizei: 110.
Mary wählte. Eine freundliche Männerstimme meldete sich sofort: „Polizei – Zentrale.“
Mary schluckte, dann sprudelte es aus ihr heraus: „Mein

Freund ist von einem Gangster gefangengenommen worden. Sie müssen sofort kommen. Hotel Excelsior." Der Polizist am anderen Ende der Leitung sagte etwas, aber sie hörte schon nicht mehr richtig hin. Durch die Scheibe der Telefonzelle sah sie, wie die Tür des Aufzugs am anderen Ende der Eingangshalle aufging. Der Mann, der Jörg geschnappt hatte, streckte vorsichtig den Kopf heraus, noch ehe die stählernen Türen ganz zur Seite geglitten waren, und schaute sichernd nach links und rechts. Dann machte er ein Zeichen nach hinten. Nun wurde Jörg herausgeschoben; er zappelte, aber er konnte sich aus dem Griff eines zweiten Mannes, der eine Baskenmütze trug, nicht befreien. Hilfesuchend sah sich der Junge um, aber da nahmen ihn die beiden Männer in ihre Mitte und schleppten ihn in Richtung Ausgang.

Mary schrie ins Telefon: „Da ist er, die schleppen ihn weg." Dann liess sie einfach den Telefonhörer fallen und stürzte aus der Zelle. „Halt!" schrie sie so laut sie konnte, „lasst ihn los, lasst ihn sofort los." Leute, die in der Halle sassen oder auf und ab gingen, schauten überrascht auf, einige erhoben sich aus ihren Sesseln, um nach dem Mädchen zu sehen, das da wie wild geworden durch die Hotelhalle fegte. Die Gangster beschleunigten ihre Schritte. „Jörg", schrie Mary, „Jörg", aber da waren die beiden Männer mit dem Jungen schon durch die gläsernen Schwingtüren. Kaum hatten sie den Hoteleingang hinter sich, da fingen sie an zu rennen. Jörg schleiften sie wie einen Sack mit. Als Mary die Tür erreichte, waren sie schon bei einem grossen schwarzen Wagen und stiessen ihr Opfer hinein. Einer schwang sich zu Jörg in den Fond, der andere sprang hastig hinter das Steuer und startete das Auto. Dann fuhren sie mit quietschenden Reifen davon. Mary stand fassungslos an der Tür und begann zu weinen. In der Halle ging der Portier mit gemesse-

nen Schritten und kopfschüttelnd auf die Telefonzelle zu. Der Hörer baumelte an der Schnur herab. Der Portier achtete nicht darauf, dass aus der Muschel eine Männerstimme immer wieder „Hallo! Hallo!“ rief. Mit einer gelassenen Bewegung griff er den Hörer und legte ihn sanft in die Gabel zurück. Bedächtig schloss er die Tür der Telefonzelle und schritt zu seinem Pult zurück, dabei murmelte er leise vor sich hin: „Diese Kinder heutzutage, diese Kinder! Ein Glück, dass ich mich mit so etwas zu Hause nicht herumschlagen muss.“
Die Menschen in der vornehmen Hotelhalle nahmen alle ihre Tätigkeiten wieder auf, begannen wieder, sich zu unter-

halten, Zeitung zu lesen, an ihren Gläsern zu nippen oder einfach in die Gegend zu starren. Geradeso, als ob nichts gewesen wäre.
Mary ging langsam in die Halle zurück. Nach ein paar zögernden Schritten blieb sie stehen und schaute sich um. Konnte es denn sein, dass niemand bemerkt hatte, was geschehen war? Oder waren die Leute so gleichgültig? Oder hatten sie vielleicht nur Angst, in etwas hineingezogen zu werden, und hatten deshalb lieber weggeschaut?
Das Mädchen stemmte ihre kleinen Fäuste in die Hüften und schrie unter Tränen plötzlich los: „Ihr blöden Erwachsenen, ihr habt es zugelassen! Die haben meinen Freund fortgeschleppt, und ihr habt es zugelassen.“ Wieder hoben die Menschen im Hotel müde ihre Köpfe. Mary stampfte mit dem Fuss auf: „Das ist euch wohl allen egal, ihr... ihr... ihr“, sie brach ab und begann wieder zu weinen.
Plötzlich fühlte sie eine Hand auf ihrer Schulter, „Na, was ist denn mit dir los?“ fragte eine tiefe freundliche Stimme.
„Ach, Sie sind bestimmt auch so einer!“ sagte das Mädchen schniefend und voller Zorn.
„Was für einer?“ fragte der grosse dicke Mann und lächelte sie dabei an.
„Sie kümmern sich auch nicht darum, dass man Jörg entführt hat.“
Da veränderte sich plötzlich das Gesicht des riesigen Mannes: „Was sagst du da? Hast du Jörg gesagt?“
Mary nickte nur, weil sie vor lauter Heulen keinen Ton mehr herauskriegte.
„Was ist mit Jörg?“ Die Stimme des fremden Mannes war plötzlich sehr ernst und sehr laut geworden.
Überrascht hob das Mädchen seinen Kopf. Der Mann war im Gesicht kalkweiss geworden.
„Meinst du Jörg Meixner?“ fragte er jetzt.

Wieder nickte sie stumm.
„Wo ist er?“ Der Mann wurde immer aufgeregter.
„Sie haben ihn fortgeschleppt, in einem Auto!“
Der Mann wischte sich den Schweiss von der Stirn: „Schnell, erzähl mir alles, ich bin Jörgs Onkel. Er hat mir einen Zettel auf meinen Nachttisch gelegt, dass er zu einer Mary Crossland ins ... Hotel, ... bist du etwa...?“
„Ja, ich bin Mary Crossland.“
„Aha, und was ist nun passiert?“
Mary erzählte Onkel Heinz hastig von ihrem Einbruch in Bleibtreus Zimmer, vom Eingreifen des Mannes und allem, was danach geschehen war. Jetzt kamen auch die Hotelgäste näher und hörten zu. Onkel Heinz und Mary waren plötzlich Mittelpunkt in einem Kreis neugieriger Menschen. Als das Mädchen mit seinem Bericht fertig war, schaute sich der Onkel mit funkelnden Augen um. So gefährlich sah er plötzlich aus, dass die Leute unwillkürlich ein wenig zurückwichen.
Onkel Heinz holte tief Atem. Und dann füllte seine gewaltige Stimme die ganze vornehme Hotelhalle. „So ist das also“, brüllte er los, „so ist das also, da sitzen Nichtstuer aus der halben Welt herum und gucken gelangweilt zu, wie ein Kind entführt wird! Schämen sollt ihr euch alle miteinander. Aber klar, es sind ja nur Kinder, was? Da schaut man kaum hin, was interessiert's euch. Womöglich könnte man in etwas hineingezogen werden, was?“
Onkel Heinz rang nach Atem.
Da bahnte sich der Portier einen Weg durch die herumstehenden Leute und legte dem Onkel besänftigend eine Hand auf den Arm: „Mein Herr, dürfte ich Sie bitten...“
Aber da kam er genau an den Richtigen: „Bitten? Hör ich richtig, Sie komische Wachsfigur?“ Onkel Heinz packte den Portier an den Aufschlägen seiner samtblauen Uniformjak-

ke. „Sie ziehe ich zur Verantwortung, wenn dem Jungen etwas geschieht."
Der Portier versuchte sich loszumachen und wollte wieder etwas sagen, aber Onkel Heinz war nun schon mal in Fahrt, und da war er kaum zu bremsen: „Ja, Firmament, Gesäss und Faden, ach was, ich rede Klartext: Himmel, Arsch und Zwirn, wo sind wir denn, im Kino oder wo? Was sind das bloss für Leute?"
„Jetzt reicht es aber", fuhr der Portier energisch dazwischen, aber Onkel Heinz schob ihn nur mit einer verächtlichen Geste zur Seite.
In diesem Moment betrat ein Polizist die Hotelhalle. „Was geht hier vor?" fragte er mit strenger Stimme.
„Hier ist ein Kind entführt worden, unter den Augen der ersten, ach was, der erstbesten Gesellschaft", bullerte der Onkel los.
„Also ist doch etwas dran, wir haben einen Telefonanruf bekommen, ein Mädchen ... sie sagte irgend etwas von einem Jungen, der gefangengenommen worden sei. Ich habe den Auftrag zu prüfen..."
„Na, immerhin einer, der ein Kind mal ernst nimmt", sagte Onkel Heinz.
„Dann darf ich wohl bitten, dass Sie mir einen geordneten Bericht geben, und die Herrschaften, die als Zeugen in Frage kommen, sollten sich bitte bereithalten. Wer von Ihnen hat etwas gesehen?"
Die Menschen ringsherum zuckten die Schultern oder schlichen sich leise weg. Offensichtlich hatte niemand etwas bemerkt. Onkel Heinz stiess ein bitteres Lachen aus. „Da hat niemand etwas gesehen. Müssiggänger wie die hier sind viel zu beschäftigt mit Nichtstun, als dass sie auch noch bemerken könnten, wie ein Kind verschleppt wird."
Der Polizist nahm Onkel Heinz am Arm und flüsterte ihm

zu: „Ich verstehe ja Ihre Aufregung, ich habe mit solchen Geschichten schon ein wenig Erfahrung; lassen Sie uns irgendwohin gehen, wo man sich in Ruhe unterhalten kann."
Zusammen mit den beiden Männern ging Mary, die sich langsam wieder gefangen hatte, zu einer Sitzgruppe in einer abgeteilten Nische. Ernst hörte sich der Beamte alles an, was das Mädchen berichtete. Er machte sich Notizen. Als sie den Einbruch schilderte, schüttelte er den Kopf und machte „Tz, tz, tz", aber es schien ihr, als ob er dabei geschmunzelt hätte. Mary musste die beiden Männer und das Auto, mit dem sie davongefahren waren, so genau beschreiben, wie sie konnte. Dann ging der Polizist zum Telefon und gab eine Fahndungsmeldung durch. Als er zurückkam, sagte er: „Jetzt wollen wir erst einmal Jörgs Vater benachrichtigen und dann diesen Herrn Bleibtreu suchen."
Der Portier hatte sich inzwischen der kleinen Gruppe genähert. Er beugte sich zu dem Polizisten herab und sagte leise: „Herr Kommissar..."
„Ich bin Polizeimeister", knurrte der Beamte.
„Ich wollte Ihnen nur einen Rat geben: Der Senator Bleibtreu ist ein durch und durch ehrenwerter Mann, über jeden Zweifel erhaben, ganz bestimmt. Sie machen sich unglücklich, Herr ... Herr Polizeimeister, wenn Sie diese Geschichte wirklich ernst nehmen wollen."
Der Polizist erhob sich und musterte den Portier nachdenklich. Nach einer ganzen Weile sagte er: „Wissen Sie was – sparen Sie sich Ihre Ratschläge, und sorgen Sie dafür, dass in Ihrem feinen Hotel alles mit rechten Dingen zugeht."
Mary musste auf ihr Zimmer zurück. Der Polizist bat sie, auf ihren Vater zu warten. „Er soll mich dann gleich im Revier anrufen, hier ist die Nummer", sagte er, gab dem Mädchen einen Zettel und ging mit dem wutschnaubenden Onkel Heinz durch die gläserne Schwingtür nach draussen.

Jörg war verzweifelt, als der schwarze Wagen losbrauste. Ein lähmendes Gefühl schlich sich von den Zehenspitzen bis zu den Haarwurzeln. Was würden die beiden Gangster mit ihm machen? Jörg hatte grosse Angst.
Der Mann am Steuer drehte sich um und grinste. „Nu mach mal nicht gleich in die Hose, wird dir schon nichts passieren; brauchst uns nur zu sagen, wo das Gör das Zeug hinbringen sollte."
„Ich hab keine Angst", sagte Jörg trotzig, aber mit zitternder Stimme.
Der Mann neben ihm, der mit der Baskenmütze, nahm nun das Gespräch auf: „Wenn du uns weiterhilfst, kannst du dir was wünschen, irgendwas aus 'nem Spielwarenladen oder so."
Ideen haben die, dachte Jörg, als ob ich denen was verraten würde für ein Spielzeugauto oder so etwas. Nicht mal für eine komplette elektrische Eisenbahn würde ich denen etwas sagen!
„Du musst das verstehen", nahm der Mann mit der Baskenmütze den Faden wieder auf, „wir sitzen auch in der Schei..., ich meine in der Klemme. Wir kriegen unheimlich Zunder von unserem Boss, wenn wir..."
„Wirst du wohl die Schnauze halten", zischte der Mann auf dem Fahrersitz.
Dann schwiegen alle drei, bis der Wagen die Stadtgrenze passierte. Ein paar Kilometer weiter bog der Fahrer rechts ab auf einen holprigen Feldweg. Schon nach wenigen Minuten Fahrzeit stoppte er den Wagen vor einem halbverfallenen Fachwerkgebäude, das vielleicht einmal Teil eines Bauerngehöfts gewesen sein mochte.
Der Fahrer zog die Bremse an und sagte: „Endstation, aussteigen!"
Jörg liess sich Zeit. Er schaute sich um. Die Gegend war

ziemlich eben, nur rechts von dem Haus ging die Wiese in ein Steilufer über. Der sandige, von Weidenbüschen bestandene Uferstreifen senkte sich jäh zu einem schmalen Bachbett hinab. Auf der anderen Seite begann an der oberen Kante einer steilen Böschung ein kleiner Wald, an dessen Rand ein Stacheldrahtzaun verlief.

„Du sollst aussteigen", sagte der Mann am Steuer.

Jörg bewegte sich nicht.

„Was wollen Sie mit mir machen?"

„Nicht viel, wir sperren dich da ein, bis dir einfällt, wo die Sachen sind, die das Mädchen gestohlen hat."

„Gestohlen?" Jörg spuckte angewidert aus.

„Das machst du aber nicht noch mal", sagte der Mann, schlug nach Jörg, aber der tauchte geschickt unter der Ohrfeige weg.

Die Augen des Mannes verengten sich zu Schlitzen: „Pass auf", zischte er, „ich habe nicht vor, mich mit dir rumzuärgern. Ich sperr dich ein, bis du schwarz wirst oder bis du auspackst. Da drin ist es nicht gerade gemütlich. Ausser dir wohnen da noch ein paar Mäuse und Ratten. Und dunkel ist's da drin, und damit du nicht schreist, kriegst du 'nen Knebel in den Mund und gefesselt wirst du ausserdem! Also, wie sieht's aus?"

Dass der Mann so genau ausmalte, was Jörg erwarten sollte, hatte auf den Jungen eine Wirkung, die der Gangster sicher nicht erwartet hatte. Tatsächlich bekam Jörg Angst, aber er war gerade deshalb wild entschlossen, sich nicht einsperren zu lassen. Die Angst trieb ihn an; bei allem, was er in den nächsten Augenblicken tat, verlieh sie ihm zusätzliche Kräfte. „Mir sind die Beine eingeschlafen", jammerte Jörg und tat so, als ob er sich nicht richtig bewegen könnte.

„Komm, komm, Bürschchen, keine Täuschungsmanöver", fuhr ihn der Mann, der den Wagen gesteuert hatte, an. Zu

seinem Kumpel sagte er: „Schliess schon mal die Tür auf, Eddy."
Missmutig stapfte der Mann mit der Baskenmütze auf das Haus zu. „Das ist der richtige Moment", fuhr es Jörg durch den Kopf. Er sass auf der linken Seite auf der Rückbank des Autos. Eddy, der rechts ausgestiegen war, hatte die Tür offengelassen. Der andere Mann fasste nun herein und griff nach Jörgs Arm. In diesem Moment rollte sich Jörg blitzschnell nach der anderen Seite. Mit einem Purzelbaum über die rechte Schulter kullerte er aus dem Wagen, war sofort auf den Beinen. Bis zur Böschung waren es nur ein paar Meter. Jörg spurtete los.
„Wirst du wohl stehenbleiben!" brüllte der Mann. Irritiert drehte sich Eddy um und sah mit weit aufgerissenen Augen, wie der Junge auf den Bach zurannte, verfolgt von seinem Kumpel. Der Vorsprung betrug drei oder vier Meter. Und der Mann kam Jörg mit riesigen Sätzen immer näher. Da erreichte Jörg die Böschung, mit einem gewaltigen Satz sprang er hinunter, liess sich sofort in den Knien einknicken und rollte wie ein Ball bis zum Rand des Baches. Ohne lange nachzudenken, sprang er hinein und watete hinüber. Sein Verfolger verlor an Boden, weil er die Böschung ungeschickt hinunterzurennen versuchte und dabei aus dem Tritt kam. Der flüchtende Junge hatte schon die halbe Böschung auf der anderen Seite geschafft, als der Mann gerade den ersten Schritt in den Bach machte. Auf allen vieren krabbelte Jörg hinauf. Der Schweiss rann ihm in die Augen, er bekam kaum Luft. Sein Atem ging stossweise. Er kämpfte gegen eine seltsame Müdigkeit in seinen Kniekehlen. Er musste es schaffen. Jetzt hatte er die Kante der Böschung erreicht. Blitzschnell tauchte er unter dem Stacheldraht durch, zog sich am Ast eines nahestehenden Baumes wieder hoch und hechtete hinter einen Farnstrauch. Sofort war er aber wieder

auf den Beinen und lief im Zickzack um die dicht stehenden Bäume. Seine nassen Kleider wurden immer schwerer und schlugen unangenehm gegen die Beine. Erst nach einer ganzen Weile schaute er sich für den Bruchteil einer Sekunde um. Beinahe hätte er gelacht, denn sein Verfolger hatte versucht, über den Stacheldraht zu steigen, dabei hatten sich die Stacheln aber in seinem Hosenboden verfangen. Er hing fest. Jörg hastete weiter durch eine moosbewachsene Kuhle, über umgestürzte Bäume unter niedrig hängenden Zweigen hindurch. Er suchte jetzt bewusst einen Weg, der für grössere Menschen voller Hindernisse sein musste. Hinter sich hörte er wüste Flüche. Vor sich sah er einen hellen Streifen, dort musste das Wäldchen schon zu Ende sein. Wenige Augenblicke später hatte er den Waldrand erreicht; wieder tauchte er unter dem Stacheldraht hindurch, mit wenigen Sprüngen war er über den angrenzenden Feldweg hinweg und in einem Maisfeld. Als er die ersten Stauden hinter sich hatte, kauerte er sich auf den Boden und schaute sich um. Flach auf dem Boden liegend, schob er sich dann mit den Füssen voraus immer tiefer in das Maisfeld, dabei liess er den Waldrand nicht aus den Augen. Seltsamerweise tauchte zuerst Eddy, der Mann mit der Baskenmütze, auf. Wenige Augenblicke später erschien auch der andere Mann. Schwer atmend standen die beiden Ganoven nebeneinander und blickten sich ziemlich ratlos um. Jörg hörte, wie Eddy sagte: „Wenn er im Maisfeld ist, müssen wir nur darauf achten, wo sich etwas bewegt." Der andere brummte etwas, was Jörg nicht verstehen konnte. Eddy sagte: „Stimmt, vielleicht hat er sich ja auch im Wald versteckt, ich habe ihn jedenfalls nicht aufs Feld laufen sehen."

„Also gut", sagte der andere Mann, „ich suche den Wald noch mal ab, schau du auf dem Feld nach." Jörg wagte kaum zu atmen, denn jetzt sah er ein Paar klitschnasse Hosenbeine

direkt auf die Stelle im Maisfeld zukommen, wo er lag. Aus, dachte er und schloss für einen Moment die Augen. Als er sie wieder aufmachte, standen die nassen Hosenbeine noch immer am selben Fleck, keine drei Meter von Jörg entfernt. Dann sah er, wie sie sich langsam drehten. Eddy machte einen Schritt nach rechts und blieb erneut stehen. Die feuchte Kälte kroch an Jörgs Körper hinauf, er zitterte und musste die Zähne fest aufeinanderbeissen, weil er glaubte, dass ihr Klappern ihn verraten könnte. Noch immer hatte er die Hosenbeine im Blickfeld. Jetzt drehte sich der Mann wieder und machte ein paar Schritte in Jörgs Richtung. Nur noch zwei oder anderthalb Meter war er von ihm entfernt. Jörg zog Millimeter um Millimeter die Beine an, um aufspringen zu können, wenn der Mann ihn entdecken würde.
Der Junge glaubte zuerst nicht richtig zu hören, aber dann merkte er, dass der Mann mit der Baskenmütze sprach. Und er redete nicht mit sich selbst, er redete mit ihm, mit Jörg. „Pass auf", sagte Eddy, und er stiess die Wörter zwischen seinen unbeweglichen Lippen heraus, „ich will dich gar nicht fangen. Das ist keine Arbeit für mich, Kinder zu jagen und einzusperren; ich hab dich schon lange gesehen, aber ich tu so, als ob ich dich nicht finden könnte." Jetzt machten die Beine einen kreisrunden Weg um Jörg herum, dann entfernten sie sich in Richtung Wald. „Im Maisfeld ist keiner", hörte Jörg Eddy zu seinem Kumpel sagen, „der hat sich ganz bestimmt im Wald verkrochen, und als wir an ihm vorbei waren, ist er auf dem gleichen Weg zurück. Cleveres Bürschchen." Der Mann mit der Baskenmütze lachte dabei sogar ein wenig, was ihm von seinem Partner ein paar böse Bemerkungen eintrug: „Da gibt's überhaupt nichts zu lachen, den Job sind wir los und das Geld auch!"
„Wir wollen uns nicht darüber streiten, wer's vermasselt hat", sagte Eddy friedlich.

„Aber ich erwische die kleine Ratte noch", sagte der andere, „und dann mach ich ein Päckchen aus ihm, darauf kannst du dich verlassen."
Aber Eddy reagierte nicht, er sagte nur: „Wir hauen ab, hier ist nichts mehr zu machen. In 'ner halben Stunde wird's sowieso dunkel."
Jörg blieb noch eine ganze Zeit liegen, nachdem die Männer im Wäldchen verschwunden waren, dann richtete er sich langsam auf. Weit und breit war kein Mensch zu sehen. Vorsichtig schlich sich der Junge durch die Maisstauden bis zum anderen Ende des ausgedehnten Feldes. Dort traf er auf einen Feldweg, dem er folgte. Immer wieder sah er sich sichernd um. Die Dämmerung kam langsam. Der Wald verlor seine grüne Farbe, er wurde mit zunehmender Dunkelheit immer grauer. Bald waren keine einzelnen Bäume mehr zu erkennen, nur noch die Linie, die den Tannengipfeln folgte. Jörg fror, und er fühlte sich einsam. Das Abenteuer reizte ihn plötzlich nicht mehr. Er wollte nach Hause. Seine Gedanken wanderten zu seiner Mutter. Er dachte daran, wie schön es jetzt wäre, daheim in der gemütlichen Stube zu sitzen, fernzusehen oder mit Onkel Heinz ein Räuberschach zu spielen. Jörg liebte Räuberschach, das Spiel, bei dem es darauf ankommt, möglichst schnell alle eigenen Figuren zu verlieren. Aber er gewann nur selten gegen Onkel Heinz, und dann war er sich noch nicht einmal ganz sicher, ob ihn der Onkel nicht absichtlich gewinnen liess.
Soweit war er mit seinen Gedanken gekommen, als er plötzlich etwas brummen hörte. Jörg blieb ruckartig stehen. Er drehte sich um. Zwei Lichtkegel tanzten über dem Feld auf und ab und hin und her. Das konnte ein Auto sein, das über einen holprigen Feldweg daherkam. Das konnte auch der schwere schwarze Wagen mit seinen Verfolgern sein. Jörg duckte sich. Es gab hier keine Deckung, nur flaches Feld,

Wiesen und bereits abgeerntete Äcker. Ich muss so weit weg, dass mich das Licht nicht erfasst, dachte der Junge und rannte los. Nach fünfzig Metern blieb er stehen, schaute sich um, und dann rannte er auch schon wieder den gleichen Weg zurück; denn was da angerattert kam, war keine schwere Limousine, das war ein Traktor.

Breitbeinig stellte sich Jörg auf den Weg. Als die Lichtkegel ihn erfassten, blieb der Traktor ruckartig stehen. Der Motor wurde abgeschaltet. Für Sekunden war es mucksmäuschenstill auf dem weiten Feld, bis aus der Dunkelheit hinter den Scheinwerfern eine erstaunte Männerstimme sagte: „Was'n das für'n kleiner dreckiger Kerl?"

Erst jetzt sah Jörg an sich hinunter. Er hatte mit den nassen Kleidern auf dem lehmigen Ackergrund gelegen. Jetzt sah er aus, als ob er sich im Dreck gewälzt hätte.

„Ich kann das alles erklären", sagte er mit fast versagender Stimme, „können Sie mich mitnehmen?"

„Klar doch, is doch man sonnenklar", sagte die Stimme, „komm rauf, mein Junge!"

Zwanzig Minuten später sass Jörg in einer gemütlichen, gekachelten Bauernküche, ein Stück gebratenen Speck und ein riesiges Glas Milch vor der Nase. Er trug nur sein Unterzeug und war in eine wollene Decke gewickelt. Die Bäuerin hatte ihn zuerst in die Badewanne gesteckt, während ihr Mann, der sich Jörg als Bauer Claasen vorgestellt hatte, die Polizei in Hannover verständigte. Jörg schob sich gerade einen Riesenbissen Speck in den Mund, als die Küchentür aufgerissen wurde und sich sein Vater und Onkel Heinz im Türrahmen verkeilten, weil jeder als erster in die Küche hineinstürmen wollte. Lachend umarmten sie sich. Die Bäuerin klopfte sich immer wieder ihre blitzblanke Schürze ab, geradeso, als ob Staub darauf wäre, und sagte ein ums andere Mal: „Nein, also so was aber auch, also so was aber

auch, so viele Leute haben wir ja nun oft das ganze Jahr über nicht auf unserem Hof."
Hinter Jörgs Vater und Onkel Heinz war nämlich auch noch der Polizeibeamte hereingekommen, und schliesslich erschien auch noch Frau Niedlich, die Jörg ganz schnell einen kräftigen Kuss auf die kauende linke Backe gab. Bald sassen sie alle um den grossen Küchentisch, tranken Milch und verzehrten den herrlichen gebratenen Speck von Frau Claasen. Und auf einmal war es so gemütlich in dem niedrigen warmen Raum wie zu Hause. Jörg strahlte über das ganze Gesicht, bis ihm etwas einfiel: „Sag mal, Onkel Heinz", sagte er plötzlich, „weiss denn Mary Bescheid? Die macht sich bestimmt unheimliche Sorgen."
„Richtig, die macht sich Sorgen, wie sich das für eine richtige Freundin gehört", trompetete Onkel Heinz, „aber natürlich habe ich sie sofort verständigt." Da konnte Jörg in Ruhe weiterfuttern.

Aufregung in der Messehalle

Am anderen Morgen trafen sich Doktor Meixner, Onkel Heinz, Frau Niedlich, Jörg und Mary zum Frühstück. Mary erzählte, dass ihr Vater nachkommen wollte. Die Stimmung war gut, aber Jörgs Vater, der noch am Abend vorher die Konstruktionsunterlagen durchgesehen hatte, die von den beiden Kindern zurückgeholt worden waren, wirkte manchmal ein wenig sorgenvoll und nachdenklich. „Eines habt ihr erreicht", sagte er zu Jörg und Mary, „mit den Sachen, die ihm geblieben sind, kann Herr Bleibtreu seine Geschäftspartner nicht mehr überzeugen, es sei denn, er hat schon Verträge gemacht."

„Und wie ist es mit dir, kannst du jetzt mit den Firmen ins Geschäft kommen?" fragte Onkel Heinz.

Doktor Meixner wiegte seinen Kopf hin und her: „Schwer zu sagen, den Versuch werde ich auf jeden Fall noch mal machen."

Mister Crossland kam herein und reichte allen die Hand. „Tut mir leid", sagte er zu Jörgs Vater, „dass Sie solche Schwierigkeiten hatten, wir sollten gleich über Ihre Erfindung reden, unser Werk ist ausserordentlich interessiert daran, aber..." Herr Crossland redete nicht weiter.

„Was, aber?" fragte Onkel Heinz.

„Tja, ich glaube, Ihr Konkurrent hat noch nicht aufgegeben, er hat eine Gruppe wichtiger Unternehmer für heute nachmittag zu einer abschliessenden Besprechung eingeladen. Es sieht so aus, als ob er mit diesen Herstellern bereits Vorverträge abgeschlossen hätte."

„Und was bedeutet das?" wollte Jörg wissen.

„Das bedeutet, dass er diese Leute schon davon überzeugt

hat, dass sein Werk die glasfaserverstärkten Kunststoffe herstellen und liefern kann."
„Das glaube ich", sagte Doktor Meixner nachdenklich, „er hat von allen meinen Unterlagen Fotokopien, und er hat auch noch einige von den Werkstücken. In seiner Fabrik arbeiten sehr tüchtige Ingenieure, denen wird es sicher gelingen, in kurzer Zeit meinen Kunststoff nachzubilden."
„Aber du hast doch ein Patent darauf", meinte Onkel Heinz.
„Schon, aber er braucht nur ein paar Kleinigkeiten zu ändern, und dann hat er ein eigenes Verfahren zur Herstellung des Stoffes, das er wiederum für sich selber patentieren lassen kann. Du darfst nicht vergessen, dass in seinem Werk schon lange Versuche mit ähnlichen Materialien gemacht wurden."
„Wenn ich richtig verstehe", sagte Mister Crossland, „dann ist jetzt nur die Frage, wer das bessere Marketing hat."
„Was ist das schon wieder?" wollte Jörg wissen.
Mister Crossland lachte: „Pass auf, Marketing, so nennt man zusammenfassend alles, was mit der Kunst des Verkaufens zu tun hat. Also zunächst die Werbung, dann die Gespräche mit möglichen Kunden und schliesslich das Verkaufen selbst, also das Abschliessen von Lieferverträgen."
„Dann geht es also darum, dass der Herr Bleibtreu vielleicht Herrn Meixner die Aufträge vor der Nase wegschnappt?" fragte Mary.
„Ja, so könnte man sagen", Marys Vater strich seiner Tochter über die Haare, „wenn es Herrn Meixner gelingt, selbst die Aufträge zu bekommen, hat Bleibtreu praktisch keine Möglichkeiten mehr."
„Praktisch keine Möglichkeiten?" Onkel Heinz wurde plötzlich ganz hellhörig. „Sie meinen also, ein paar Möglichkeiten hat er vielleicht doch noch?"

„Nun ja, eigentlich nicht, denn dann bliebe ihm ja nur noch die Möglichkeit, die Produktion zu stören, und so weit wird er wohl kaum gehen."
„Dem traue ich alles zu", brummte Onkel Heinz.
„Ich habe gestern gehört, dass Bleibtreu ziemliche Probleme hat", sagte Doktor Meixner langsam.
„Was für Probleme?" fragte Onkel Heinz.
„Na ja, es heisst, er habe sich finanziell übernommen, grosse Kredite aufgenommen, um Geld in die Produktion des neuen Kunststoffes zu investieren."
„Das verstehe ich schon wieder nicht", sagte Jörg.
„Also, pass auf", belehrte ihn der Vater, „wenn ein Unternehmer eine neue Sache machen will, braucht er Maschinen, er muss mehr Leute einstellen und so weiter. Das muss er aber auch schon machen, bevor er etwas verkauft hat, er muss das Geld also vorschiessen, um alle Möglichkeiten zu haben, gleich richtig loszulegen mit seiner Produktion, wenn die Aufträge kommen. Das nennt man dann Investition."
„Das hast du doch auch gemacht", meinte Jörg, „du hast doch auch gesagt, dass du schon eine Menge Geld in diese Entwicklung hineingesteckt hättest."
„Stimmt, ich habe alles verfügbare Kapital investiert, Maschinen gekauft. Und für die Versuche, die ich bisher gemacht habe, brauchte ich ja auch eine Menge Geld. Deshalb ist es doch so wichtig für mich, dass ich den glasfaserverstärkten Kunststoff verkaufen kann."
Mister Crossland klopfte Jörg auf die Schulter. „Du bist sehr interessiert, mein Junge, trotzdem würde ich vorschlagen, dass ihr Kinder etwas anderes unternehmt, wir Erwachsenen müssen jetzt wirklich ernsthaft über Geschäfte reden, und dabei würdet ihr vielleicht doch ein bisschen stören."
Jörg und Mary waren zwar gar nicht dieser Meinung, aber sie trollten sich dann doch.

„Was machen wir denn jetzt?“ fragte das Mädchen.
„Ich schlage vor, wir fahren noch mal zur Messe hinaus und behalten den Bleibtreu und seine Leute ein bisschen im Auge.“
Mary nickte begeistert. Als sie in der Strassenbahn sassen, sagte das Mädchen plötzlich: „Meinst du nicht, wir könnten für deinen Vater das machen?“
„Was machen?“
„Na, dieses Marking oder wie es heisst.“
„Marketing“, belehrte sie Jörg.
„Ja, das meine ich.“
„Aber was sollen wir denn da machen?“
„Das weiss ich im Augenblick auch nicht, aber vielleicht fällt uns noch etwas ein.“
Die beiden Kinder schlenderten durch die grosse Messehalle, in der die Flugzeugwerke ihre Ausstellungsstände hatten.
„Schau mal“, sagte Jörg, als sie den Stand der Allplast-Werke von Senator Bleibtreu erreichten, und deutete auf die grosse Spiegelglasscheibe, auf der die Firma für den neuen Werkstoff warb. Mary buchstabierte: „Noch nicht im Angebot, aber fertig entwickelt: Unser neuer glasfaserverstärkter Kunststoff. Informieren Sie sich.“
Plötzlich wurde Mary ganz aufgeregt.
„Ich habe eine Idee“, sagte sie, „komm mit.“
„Jetzt bin ich aber gespannt“, sagte Jörg.
„Ich brauche irgend etwas, womit man auf die Glasscheibe schreiben kann.“
„Du willst...“
Mary liess sich nicht unterbrechen: „Am besten wäre ein Lippenstift oder so etwas.“
„Wie kommst du denn darauf?“
Mary lachte: „Neulich hat mein Daddy mal mit Muttis Lippenstift auf den Spiegel im Badezimmer geschrieben.“

„Ist das wahr? Da wird deine Mutter aber ganz schön sauer gewesen sein, das kriegt man sicher nur ganz schlecht wieder weg, und der Lippenstift ist dann doch auch hin."
Mary lachte wieder: „Gar nicht geschimpft hat sie, sie hat sich gefreut."
Jörg schaute das Mädchen an, als ob er sie gleich für verrückt erklären müsste.
„Mein Daddy hat nämlich was sehr Nettes draufgemalt."
„Was denn?"
„Weisst du, er musste schon ganz früh am Morgen wegfahren. Meine Mutter schlief noch, und da hat er auf den Spiegel geschrieben: ‚Ann' – so heisst meine Mutter, also, er hat geschrieben ‚Ann, ich hab dich sehr lieb', und dann hat er noch ein Herz dazu gemalt."
„Also so was!" wunderte sich Jörg, „und was hat das nun mit dem Bleibtreu zu tun?"
„Nichts, aber seitdem weiss ich, dass man mit Lippenstift auf Glas schreiben kann."
Die beiden Kinder liefen ziellos durch das Messegelände; wo konnte man einen Lippenstift herbekommen? Plötzlich deutete Mary auf einen der kleinen Läden, die man überall auf dem Gelände finden konnte. Es war eine Drogerie. „Da gehen wir rein; wieviel Geld hast du?" fragte Mary. Jörg kramte in seinen Hosentaschen und brachte vier Mark und achtzig Pfennig hervor. Mary zählte ihr Geld und kam auf über sieben Mark. Entschlossen gingen sie in den Laden hinein.
„Na, was möchtet ihr denn?" fragte eine Verkäuferin leutselig.
„Einen Lippenstift", sagte Mary mutig, „er soll sehr dick und sehr rot sein."
„Wie bitte?" Die Verkäuferin glaubte offensichtlich, die Kinder wollten sich über sie lustig machen.

„Einen möglichst dicken und roten Lippenstift", wiederholte Mary ernsthaft und stellte sich dabei ein wenig auf die Zehen, um grösser zu wirken. Jörg war es ziemlich unbehaglich in seiner Haut.
„Für wen soll er denn sein?" fragte nun die Verkäuferin.
„Ist das wichtig?" wollte Mary wissen.
Die Frau hinter dem Ladentisch zuckte die Achseln und brachte eine Handvoll Lippenstifte: „Die sind im Sonderangebot. Jeder kostet sechsachtzig."
Mary wählte sorgfältig, zahlte und verliess mit stolz erhobenem Kopf den Laden.
Jörg folgte ihr und war froh, als er draussen war.
„So, jetzt geht's los", sagte Mary und begann zu laufen.
Als sie wieder in die Nähe des Allplast-Standes kamen, versteckten sie sich hinter einer Vitrine. Senator Bleibtreu unterhielt sich gerade mit einem Mann. Plötzlich zerrte Jörg das Mädchen am Arm und zischte: „Schnell weg, da kommen die zwei."
Sie schlichen sich hinter ein grosses Flugzeugmodell und linsten unter dem breiten Flügel hervor. Der Mann mit der Baskenmütze und der andere gingen zögernd auf den Allplast-Stand zu. Bleibtreu machte ärgerlich ein Zeichen und deutete auf die Besprechungskabine. Die beiden Männer verkrochen sich hinter dem Vorhang.
Jetzt hatte es Bleibtreu ziemlich eilig. Er verabschiedete seinen Gesprächspartner und verschwand ebenfalls hinter dem Vorhang.
„Jetzt oder nie", flüsterte Mary, „du stehst Schmiere, und ich schreib den Text."
Jörg pirschte sich an den Vorhang heran, während Mary zu der grossen Spiegelglasscheibe ging und sofort begann, mit dem Lippenstift riesige Buchstaben zu malen. Jörg schaute ihr interessiert zu, aber bald galt seine Aufmerksamkeit et-

was ganz anderem. Er konnte nämlich hören, was hinter dem Vorhang gesprochen wurde.
„Ihr Idioten", hörte er den Senator schimpfen, „ihr habt mir alles, aber auch wirklich alles vermasselt." Die beiden murmelten verlegen ein paar Entschuldigungen.
„Mit entschuldigen ist es nicht getan", fuhr sie der Senator an, „ihr bringt das gefälligst wieder in Ordnung."
„Aber wie denn?" hörte Jörg Eddy fragen.
„Wie denn, wie denn", äffte ihn der Senator nach, „hier könnt ihr keinen Blumentopf mehr gewinnen, das ist doch wohl klar."
„Eben, ich weiss einfach nicht, was wir noch machen könnten", sagte nun der andere Mann.
„Passt auf", jetzt wurde die Stimme des Senators etwas freundlicher, „ich werde versuchen, meine Kunden bei der Stange zu halten. Ich werde jedem sagen, dieser Meixner sei nicht in der Lage, den Werkstoff herzustellen!"
„Und?" fragte Eddy.
„Mann, sind Sie begriffsstutzig? Ihr müsst verhindern, dass er produzieren kann, damit meine Voraussage auch wirklich stimmt."
Einer der beiden Ganoven pfiff durch die Zähne.
Eddy sagte: „Das gefällt mir nicht, Herr Senator."
Jetzt wurde Bleibtreu zornig: „Ich habe Sie nicht angestellt, um mir Ihre moralischen Bedenken anzuhören. Es gibt keinen roten Heller, wenn ihr diesen Auftrag nicht ausführt, ist das klar?"
„Aber was sollen wir denn tun?" wollte Eddy wissen.
„Das ist nicht mein Problem, ich will nicht einmal wissen, wie ihr es macht, ich will nur, dass die Fabrik dieses Herrn Meixner in den nächsten Wochen kein Stück produzieren kann."
Jetzt nahm offensichtlich der andere Mann wieder das Wort:

„Es könnte zum Beispiel ein bisschen brennen, nicht wahr?“
Wütend fuhr ihn der Senator an: „Ich sagte doch, ich will nichts davon wissen, ich will nur, dass das Ziel erreicht wird, und damit basta.“
Jörg, der vor Wut kochte, merkte, dass das Gespräch zu Ende ging und schlich sich langsam von dem Vorhang weg, um Mary ein Zeichen zu geben. In diesem Moment flammte ein Blitzlicht auf.
Erschreckt liess Mary den Lippenstift fallen. Ein Fotograf kam lachend auf das Mädchen zu und sagte: „Warum hast du denn das dahin gemalt?“
Jörg trat zu den beiden und las leise, was nun auf dem Spiegelglas stand: „Noch nicht im Angebot, aber fertig entwickelt: Unser neuer glasfaserverstärkter Kunststoff. Informieren Sie sich.“ Soweit war es der alte Text, und darunter hatte Mary in riesigen roten Buchstaben gemalt:

BEI DOKTOR MAX MEIXNER
DEM ERFINDER UND HERSTELLER
DIESES EINMALIGEN
KUNSTSTOFFES

„Dufte“, sagte Jörg.
„Aber was hat das alles zu bedeuten?“ fragte der Fotograf wieder. „Ich bin Reporter bei einer grossen Zeitung und immer auf der Suche nach einer interessanten Geschichte.“
„Oh“, sagte Mary eifrig, „das ist eine sehr interessante Geschichte, ein richtiger Krimi mit Werkspionage und so etwas.“
„Tatsächlich“, der Reporter war auf einmal ganz aufmerksam. „Kann ich euch zu Kaffee und Kuchen einladen?“
Mary nickte sofort, aber Jörg hielt sie am Ärmel fest: „Da ist noch etwas Wichtiges passiert“, flüsterte er.

Aber er hatte nicht leise genug gesprochen, der Reporter sagte sofort: „Na, los, erzähl mal!“
Jörg überlegte, aber was konnte es schaden, wenn der Mann es wusste –, „also, ich habe gehört, wie der Senator die zwei Männer beauftragt hat, in Vaters Fabrik einen Brand zu legen oder irgend etwas anderes anzustellen, damit er in der nächsten Zeit nicht produzieren kann.“
„Wer ist dein Papa?“ wollte der Reporter wissen.
„Na, Doktor Meixner“, sagte Mary schnell.
Der Reporter, ein schlaksiger junger Mann mit einer karierten Jacke und einem dichten Vollbart, schaute die Kinder zweifelnd an: „Bindet ihr mir auch keinen Bären auf?“
Da wurde Mary schnippisch: „Haben wir Sie etwa gerufen?“

Der junge Mann lachte: „Du hast recht, vielleicht steckt da wirklich eine Geschichte drin."
„Da kommen sie", zischte Jörg und schob sich hinter den Fotografen, der im gleichen Moment seine Kamera hob und ein Bild schoss. Die beiden Männer fuhren herum, aber der Fotograf hatte sich blitzschnell umgedreht und so getan, als ob er ein Flugzeugmodell aufgenommen hätte. Schnell machten sich Eddy und der andere Mann davon.
„Das sind also die Männer, die der Senator angeheuert hat?" fragte der Reporter.
„Ja, der eine heisst Eddy, den Namen des anderen weiss ich nicht", sagte Jörg, „die haben mich gestern verschleppt."
„Wie bitte? Das wird ja immer schöner", sagte der junge Mann.
Zehn Minuten später sassen die drei im Messecafé. Der Reporter bestellte für sich einen Campari-Soda und für die Kinder Kakao und Kuchen.
Jörg überliess es Mary, die ganze Geschichte zu erzählen, dafür brachte er es auf vier Stück Erdbeertorte.
Der Reporter schrieb eifrig mit, dann machte er von den beiden Kindern noch ein Bild und verabschiedete sich hastig, nachdem er die Rechnung bezahlt hatte. Mary seufzte zufrieden: „Ich freue mich vielleicht, dass endlich etwas passiert; meine Freundinnen werden Augen machen, wenn ich ihnen das alles erzähle und wenn wir jetzt womöglich noch in die Zeitung kommen."
Jörg war nicht so begeistert: „Meinem Vater wird das sicher nicht gefallen, er hat es nicht gern, wenn Wirbel um ihn herum ist."
„Vielleicht ist das schon so etwas wie Marking..."
„Marketing."
„... ja, Marketing, jetzt wird es doch vielleicht bekannt, dass der Werkstoff von deinem Vater ist", Mary kicherte, „der

Senator wird sich in den Hintern beissen, wenn er sieht, was ich geschrieben habe."

„Das müssen wir uns unbedingt ansehen", sagte Jörg. Sie liefen wieder in die grosse Halle. Als sie sich dem Stand der Allplast-Werke näherten, sahen sie schon, dass eine Menge Leute dort standen und eifrig diskutierten, einige lachten, andere wirkten empört. Vorsichtig schlichen sich die beiden Kinder näher. Und da sahen sie, was die Leute aufmerksam gemacht hatte. Senator Bleibtreu höchstpersönlich versuchte, die Lippenstiftschrift abzuwischen, der Ärmel seines vornehmen nachtblauen Anzugs war schon voller roter Flecken. Es gab eine Riesenschmiererei auf der Glasplatte, und dabei zerstörte er auch die ursprüngliche Werbeschrift. Einzelne Buchstaben lösten sich. Was blieb, war eine hässlich verschmutzte Scheibe, auf der nun gar nichts mehr zu erkennen war.

„Ein Glück, dass es ein Foto gibt", kicherte Mary. Die Kinder stahlen sich leise davon.

Als Herr Meixner in die Messehalle kam, waren die seltsamen Vorgänge am Stand der Allplast-Werke schon Gesprächsstoff Nummer eins. Jeder Bekannte, den Max Meixner traf, erzählte ihm von der Schrift, die plötzlich am Allplast-Stand erschienen war. Ein Mann sagte zu Jörgs Vater: „Der Schrift nach zu urteilen, könnte es ein Kind gewesen sein."

Onkel Heinz, der kurz darauf zusammen mit Frau Niedlich erschien, schlug sich auf die Schenkel und stimmte sein mächtiges Gelächter an, dass es durch die ganze Halle schallte.

Senator Bleibtreu hatte inzwischen den Messepolizeiposten aufgesucht und Anzeige wegen Hausfriedensbruch, Sachbeschädigung und böswilliger Verleumdung gestellt. Er schäumte vor Wut und musste von den Beamten immer wieder beruhigt werden. „Ich weiss schon, wer dahinter steckt", sagte er ein ums andere Mal, „und ich kriege den Burschen auch. Der wird sich wundern."

Herrn Meixner waren die Vorgänge peinlich. Er nahm sich vor, ein sehr ernstes Wort mit seinem Sohn zu sprechen, aber er überlegte es sich doch anders, als kurz darauf der Direktor eines grossen Flugzeugwerkes auf ihn zukam und sagte: „Herr Doktor Meixner, was hier so vor sich geht, hat mich ziemlich nachdenklich gestimmt. Kann ich Sie zum Essen einladen, ich möchte noch mal mit Ihnen über den neuen Werkstoff sprechen."

Onkel Heinz hakte sich bei Frau Niedlich unter und sagte: „Wir wollen mal sehen, ob wir die Kinder finden; die haben jetzt eine Riesenportion Eis mit Sahne verdient."

Sie brauchten nicht lange zu suchen. Mary und Jörg trieben sich noch immer in der Halle der Flugzeugwerke herum. Als Jörg seinen Onkel entdeckte, rannte er auf ihn zu und rief: „Gott sei Dank, dass du da bist, es ist etwas Schlimmes passiert."

„Schlimm nennst du das?" dröhnte der Onkel, „ich nenne das Spitzenklasse."

„Du weisst ja noch nicht alles. Der Senator will Vaters Fabrik zerstören."

„Na, na, langsam scheinen dir die Nerven einen Streich zu spielen", sagte Onkel Heinz.

Aber nachdem ihm Jörg erzählt hatte, was er am Stand der Allplastwerke belauscht hatte, wurde der Tierarzt doch sehr nachdenklich. Schliesslich sagte er: „Pass mal auf, Jörg, wir wollen deinem Vater noch nichts davon erzählen. Er muss sich jetzt ganz auf seine Gespräche mit den Kunden konzentrieren, aber wir werden die Geschichte in die Hand nehmen."

„Hör mal, Heinz“, sagte Frau Niedlich, und Jörg wunderte sich sehr, dass sie ihn duzte, „hör mal, Heinz, ihr solltet auf dem schnellsten Weg die Polizei in Stuttgart benachrichtigen und nicht wieder Detektiv auf eigene Faust spielen; wir haben ja gesehen, was dabei herauskommt.“
„Spielverderberin“, brummelte Onkel Heinz, sagte dann aber schnell: „Du hast natürlich völlig recht, meine Liebe“, und Jörg hatte schon wieder Grund, sich zu wundern, wann hatte sein Lieblingsonkel schon mal „meine Liebe“ zu einer fremden Frau gesagt.
Auch Doktor Meixner hatte Grund, sich zu wundern. Nachdem er mit dem Direktor des grossen Flugzeugwerkes zu Mittag gegessen hatte, kam ein junger bärtiger Reporter zu ihm und stellte ihm eine Menge Fragen über den neuen Werkstoff. Er notierte sich alles genau, verabschiedete sich und ging mit schnellen Schritten zum Stand der Allplast-Werke.
Kurz darauf sass er in der Besprechungskabine Senator Bleibtreu gegenüber. „Junger Mann“, sagte der Senator sehr freundlich, „Sie sind da einem ungeheuren Schwindel aufgesessen. Es besteht überhaupt kein Zweifel, wer rechtmässiger Erfinder und Produzent des neuen Werkstoffes ist. Bitte, schauen Sie sich die Skizzen und Berechnungen an.“
Der Reporter sagte nicht, dass er die gleichen Unterlagen zum Teil auch schon bei Doktor Meixner gesehen hatte.
„Wissen Sie“, sagte der Senator leutselig, „mir ist im Augenblick noch nicht so sehr daran gelegen, dass die Presse über unseren neuen Werkstoff berichtet. Wir werden zu gegebener Zeit, also dann, wenn der Stoff voll ausgereift ist, die Zeitungen mit allen Informationen versorgen.“
„Sie wollen damit sagen, ich soll jetzt noch nichts darüber bringen?“
„Genau, Sie sind ein sehr intelligenter junger Mann.“

„Ich bin Reporter“, sagte der andere, „und wenn es etwas zu berichten gibt, mache ich das auch, schliesslich verdiene ich mein Geld damit.“
„Aber, guter junger Mann, am Geld soll es nicht scheitern. Ich würde es mich schon etwas kosten lassen, wenn nicht vorschnell Berichte erscheinen würden, die mir jetzt gar nicht ins Konzept passen.“
„Ach ja, heisst das...?“
„Wieviel?“ fragte der Senator schnell.
„Bitte?“
„Nun, wie hoch denken Sie, wäre der Betrag... Oder lassen Sie mich mal andersherum fragen, wieviel Honorar bringt Ihnen der Bericht?“
Der Reporter wollte etwas sagen, aber der Senator liess ihn gar nicht erst zu Wort kommen: „Ich verdreifache den Betrag, einverstanden?“
Der Reporter erhob sich angewidert: „Wissen Sie, so nötig habe ich es dann auch wieder nicht“, sagte er bissig, „ein Reporter, der sich einmal bestechen lässt, kann seinen Beruf gleich an den Nagel hängen. Nein, vielen Dank, behalten Sie Ihr Geld.“
Sofort stellte sich der Senator um. Mit scharfer Stimme sagte er: „Also schön, ich habe es im Guten versucht, ich wollte Ihnen und mir Ärger ersparen, aber Sie werden sich wundern. Wenn Sie diese ganzen Lügen des Herrn Meixner veröffentlichen, zeige ich Sie an, ich bringe Sie vors Gericht, Sie werden schon sehen, wer den längeren Arm hat, wer mehr Einfluss hat und auf wessen Seite zuletzt das Recht ist.“
Bleibtreu hatte einen hochroten Kopf bekommen.
Der Reporter schaute ihn an und sagte: „Sie müssen ganz schön in der Klemme sein, sonst würden Sie sich bestimmt nicht so aufregen“, und damit verliess er den Stand der Allplast-Werke. –

Jörgs Vater war nach dem Gespräch mit dem Reporter ins Hotel zurückgefahren. Er telefonierte gerade mit seiner Frau, als es an seiner Tür klopfte.
Schnell verabschiedete er sich, legte auf und rief: „Herein."
Ein Bote übergab ihm einen Brief. Doktor Meixner öffnete das Kuvert und las: „Ich wäre an einem nochmaligen Gespräch sehr interessiert. Können wir heute abend zusammen speisen? Beste Grüsse H. Bleibtreu."
Herr Meixner schrieb auf eine seiner Visitenkarten: „Bin an einem weiteren Gespräch nicht mehr interessiert. Dr. M. Meixner." Der Bote nahm die Karte mit einer kleinen Verbeugung entgegen und verliess das Hotelzimmer. Beinahe wäre er dabei mit Onkel Heinz zusammengestossen.
„Na, wie geht's dir heute?" fragte er fröhlich, als er die Tür hinter sich zuzog.
„Es scheint sich zum Besseren zu wenden", sagte Max Meixner lächelnd.
„Tja, den Eindruck habe ich auch", gab der Onkel zurück und liess sich auf das Bett fallen, das unter dem Gewicht empört quietschte.
„Weisst du", sagte Onkel Heinz, „ich kann hier ja sowieso nichts mehr unternehmen, deshalb dachte ich, ich könnte heute abend zurückfliegen."
„Gute Idee", sagte Max Meixner und reichte seinem Schwager den Brief des Senators.
„Das ist gut, das ist sehr gut", brummte Onkel Heinz, „er bekommt langsam Angst. Wirst du hingehen?"
„Ich denke gar nicht daran, ausserdem muss ich mich mal wieder um Jörg kümmern."
„Tja", sagte Onkel Heinz, „ich wollte dir gerade den Vorschlag machen, dass ich Jörg heute abend mitnehme."
„Mir soll es recht sein, wenn er einverstanden ist."
„Warum sollte er nicht einverstanden sein?"

„Na, er hat doch eine Freundin gefunden, vielleicht möchten die beiden lieber noch ein bisschen zusammenbleiben."
„Das könnte ich ihm gut nachfühlen", sagte der Onkel mit ungewohnt leiser und nachdenklicher Stimme.
Max Meixner hob überrascht den Kopf und schaute seinen Schwager an: „Sag bloss, du alter Junggeselle, hast du etwa auch eine Freundin gefunden?"
„Tu doch nicht so, als ob du es nicht gemerkt hättest."
„Die niedliche Frau Niedlich?" fragte Max Meixner grinsend.
„Mach dich bloss nicht lustig", sagte Onkel Heinz gereizt.
„Hui, dich hat es ja richtig erwischt", lachte Jörgs Vater und legte dem Onkel freundschaftlich den Arm um die Schulter, „ich kann nur sagen, ich finde das – wie sagt Jörg immer – also, ich finde das dufte!"
Onkel Heinz buchte zwei Plätze für die Abendmaschine nach Stuttgart. Jörg war einverstanden mitzufliegen, nachdem ihm der Onkel klargemacht hatte, dass die Bedrohung der Fabrik ihre Anwesenheit in Stuttgart zwingend notwendig mache.
Mary war ganz unglücklich, als sie hörte, dass Jörg abreisen musste, aber er versprach, ihr zu schreiben und sie in München zu besuchen, und Mister Crossland, der zu dem Gespräch dazu kam, meinte, er habe nun oft mit Jörgs Vater zu tun, weil sie ja zusammenarbeiten wollten, und da gebe es viele Möglichkeiten, sich gegenseitig zu treffen.
Einigermassen getröstet verabschiedeten sich die Kinder voneinander.

Das Treffen an der Futterhütte

Jörgs Mutter, die vor Angst fast gestorben war, als sie in den Telefonaten mit ihrem Mann von den Abenteuern des Jungen erfahren hatte, schloss ihren Sohn glücklich in die Arme. Onkel Heinz bekam einen kräftigen Schmatz auf beide Bakken. Hasso sprang an Jörg hoch und gebärdete sich wie verrückt. Natürlich mussten Onkel Heinz und Jörg erst einmal alles genau erzählen, was sie erlebt hatten.

„So schnell lasse ich dich nicht wieder mit deinem Vater verreisen!" sagte Frau Meixner bestimmt. Aber Onkel Heinz lachte nur und sagte: „Wenn du anfängst, den Jungen zu verzärteln, bekommst du Schwierigkeiten mit mir!" Von der Gefahr, die möglicherweise Doktor Meixners Fabrik drohte, sagten die beiden nichts.

Onkel Heinz fuhr anschliessend zur Polizei, aber er kam sehr unzufrieden zurück. Er sass mit Jörg und Hasso im gemütlichen Dachzimmerchen des Jungen. „Der Beamte hat mir gesagt", erzählte er, „dass sie unmöglich wegen eines Verdachts die Fabrik ständig bewachen könnten, wir sollen Leute aus dem Betrieb dazu verpflichten. Das können wir aber nicht ohne deinen Vater, also müssen wir ihn doch einweihen."

Jörg schlug vor: „Wir können doch bis übermorgen warten, da kommt er zurück, und solange können wir uns selbst darum kümmern." Onkel Heinz stimmte zu: „Ich übernehme heute nacht die Wache, und Hasso soll mir dabei Gesellschaft leisten." Als der Hund seinen Namen hörte, richtete er sich sofort auf und spitzte die Ohren.

Jörg schlief in dieser Nacht sehr unruhig. Er träumte davon, dass plötzlich die Fabrik in Flammen stand. In einem ande-

ren Traum sah er Flugzeuge, die das Fabrikgelände mit Bomben bewarfen. Immer versuchte Onkel Heinz mit Eimern das Feuer zu löschen, aber jedesmal, wenn er wieder einen Schwall hineingoss, flammte das Feuer nur noch heftiger auf, gerade so, als ob der Onkel mit Benzin statt mit Wasser den lodernden Brand bekämpfen wollte.
Der Junge war richtig froh, als er am Morgen aufwachte. Sofort nach dem Frühstück schwang er sich auf sein Fahrrad und strampelte zur Fabrik hinaus.
Es war kein sehr grosses Gebäude. Etwa vierzig Meter lang und halb so breit lag es flach am Rand einer Müllkippe, die in diesen Tagen gerade geschlossen und mit Erde aufgefüllt wurde. Drei massige Planierraupen ebneten die Fläche ein. Jörg schaute eine Weile zu, wie geschickt die Fahrer die gelben Ungetüme steuerten.
Es war neun Uhr. Vesperzeit. Die Fahrer stellten die Motoren ab. Auch die Männer aus der Fabrik kamen heraus. Es war ein sonniger Frühlingstag. Die Arbeiter setzten sich auf ein paar Bänke, die an der Aussenwand des Fabrikgebäudes standen. Sie begrüssten Jörg, der oft zu Besuch hierher kam. Natürlich hatten sie schon von den abenteuerlichen Ereignissen in Hannover gehört, und jetzt sollte der Junge möglichst genau erzählen, wie alles zugegangen war. Einer der Männer gab Jörg ein Stück Leberwurstbrot. „Da nimm", sagte er, „meine Frau meint es zu gut mit mir, die packt mir immer die Mannschaftsverpflegung für eine ganze Fussballelf ein." Jörg griff zu und liess es sich schmecken. Er sass gerne mit den Männern zusammen. Meistens wusste irgendeiner von ihnen einen neuen Witz oder eine spannende Geschichte. Aber heute musste Jörg selbst erzählen. Er überlegte sich, ob er von der Bedrohung der Fabrik erzählen sollte. Aber noch ehe er etwas dazu sagen konnte, meinte schon einer der Arbeiter: „Dem ist zuzutrauen, dass er probiert,

unsere Produktion mit einem Sabotageakt kaputtzumachen.“
Vorsichtig sagte Jörg: „Mein Onkel meint sogar, es könnte sein, dass einer einen Brand legt.“
Jetzt wurde es ganz still in der Runde, bis einer der Männer, ein kräftiger rothaariger Mann, sagte: „Das wäre tatsächlich die grösste Sauerei.“
Mario, ein italienischer Gastarbeiter, den Jörg besonders gut leiden mochte, meinte in seinem gebrochenen Deutsch: „Wir gut aufpassen müssen, wir vielleicht immer aufwachen müssen.“
Seine Kollegen lachten. Einer belehrte ihn: „Mario, Mensch, das heisst doch, wir müssen die Fabrik bewachen.“
„Ist doch egal wie heisst, Hauptsache, wird gemacht.“
„Da hast du allerdings recht“, sagte der Rothaarige. Die Vesperpause war vorüber. Die Männer packten ihre Sachen zusammen und gingen nacheinander in die Fabrik zurück. Jörg stand unschlüssig herum. Sein Vater hatte ihm streng verboten, während der Arbeitszeit in die Maschinenräume zu gehen. Der Junge blinzelte in die Sonne und überlegte, was er mit dem Ferientag anfangen sollte. Ziellos ging sein Blick über das Gelände. Hinter dem ehemaligen Müllplatz blieb er plötzlich an etwas hängen. Da stand ein grosses, schwarzes Auto auf einer kleinen Nebenstrasse, die zum Güterbahnhof führte. Und wenn ihn nicht alles täuschte, sass in der schwarzen Limousine ein Mann, der ein Fernglas vor die Augen hielt. Das Auto war derselbe Typ wie der Wagen, in dem Jörg in Hannover verschleppt worden war.
Jörg ging schnell ins Büro, wo Fräulein Haberland, eine etwa sechzigjährige, weisshaarige Dame, arbeitete. „Kann ich mal telefonieren?“ fragte Jörg, nachdem er Fräulein Haberland, die Stütze des Betriebes, wie sein Vater sie nannte, höflich begrüsst hatte.

Ohne auf ihre Antwort zu warten, griff der Junge nach dem Hörer und wählte die Nummer seines Onkels.
Der Tierarzt war sehr beschäftigt. „Ich kann jetzt nicht weg", sagte er, „aber versuch doch mal, die Nummer des Wagens festzustellen. Aber vorsichtig, du weisst ja, die Burschen sind gefährlich!"
Jörg legte auf und bedankte sich bei Fräulein Haberland. Als er das Fabrikgebäude verliess, stand der Wagen noch immer an derselben Stelle. Es war unmöglich, von hier aus das Nummernschild zu entziffern. Unschlüssig stand Jörg herum. Plötzlich hatte er eine Idee. Er schlenderte scheinbar ziellos über den Müllplatz und kam dabei immer näher an die Stelle, die von den Planierraupen gerade eingeebnet wurde. Dabei versuchte er, möglichst nicht ins Blickfeld des Mannes in dem schwarzen Auto zu geraten.
Als er nahe an eines der Raupenfahrzeuge herangekommen war, stoppte der Fahrer seine Maschine und rief: „Verschwinde hier, das ist gefährlich!"
Jörg legte eine Hand hinter sein Ohr, so, als ob er nicht verstanden hätte, und ging noch näher heran.
Jetzt stellte der Mann wütend den Motor ab und brüllte los: „Du hast wohl die Ohren nicht gewaschen."
Jörg liess sich nicht abschrecken. Mutig ging er auf den Mann zu und sagte: „Ich habe eine grosse Bitte."
Überrascht schaute der Planierraupenfahrer auf den Jungen hinab: „Du hast Nerven, sieh zu, dass du Land gewinnst, und stör uns nicht bei der Arbeit."
Jörg wiederholte hartnäckig: „Ich habe eine Bitte."
Der Fahrer brummte: „Also wirklich, so was ist mir doch noch nicht passiert."
„Es ist ganz wichtig", sagte Jörg schnell. „Da drüben der Mann in dem Auto beobachtet die Fabrik meines Vaters. Ich muss rauskriegen, wer das ist."

„Jetzt schlägt's dreizehn!" Der Fahrer der Planierraupe schien nun doch langsam die Geduld zu verlieren. „Erzähl mir bloss keine Opern, Kleiner, hau ab, dann will ich noch mal fünfe grad sein lassen."
Aber Jörg liess sich nicht abweisen. „Ich kann Ihnen jetzt nicht die ganze Geschichte erzählen, aber es ist wirklich so, dass mein Vater befürchtet, man könnte etwas gegen seine Fabrik unternehmen. Die Konkurrenz, verstehen Sie?"
„Nichts verstehe ich."
„Sie müssen wissen, mein Vater hat einen neuen Werkstoff..."
„Nichts muss ich wissen, arbeiten muss ich, und dabei hältst du mich auf."
„Einen neuen Werkstoff", fuhr Jörg unbeirrt fort, „und da gibt es eine andere Firma, die wollen den gleichen Werkstoff herstellen, und weil mein Vater besser ist als die, probieren sie es jetzt vielleicht mit Sabotage."
„Sabotage?" fragte der Mann und schien plötzlich interessiert zu sein.
„Genau. Ich habe das wirklich nicht erfunden. Wenn es nicht so unheimlich wichtig wäre, hätte ich gar nicht soviel Mut, Sie anzusprechen."
Der Mann lachte plötzlich. „Und was willst du nun eigentlich von mir?"
„Wenn Sie mich mitnehmen könnten und mal eine Kurve ganz nah an dem Auto vorbei drehen..."
„Aha, du willst also mal auf so 'ner Raupe mitfahren, das ist alles", sagte der Mann nun schon wieder unwirsch.
„Nein, nein", sagte Jörg schnell, „es genügt mir auch, wenn Sie vorbeifahren und mir die Nummer des Autos sagen."
Das schien den Mann zu überzeugen. „Steig auf", sagte er. Wie der Blitz sprang Jörg auf die gewaltige Maschine. Ächzend stieg der Fahrer wieder auf seinen Führerstand und

liess den gewaltigen Motor an. Er fuhr zunächst ein paarmal hin und her, gab dann plötzlich Gas und liess die gewaltige Maschine pfeilgerade auf die schwarze Limousine zufahren. Jörg sah, wie der Mann hinter dem Steuer des Autos das Fernglas herunternahm. Und jetzt entdeckte der Junge auch das Gesicht des Mannes, der ihn in Senator Bleibtreus Hotelzimmer überrascht hatte. Noch immer hielt der Raupenfahrer auf den schweren Wagen zu. Hektisch bewegte sich der Mann in dem Auto. Er hatte auf dem Beifahrersitz gesessen, jetzt rutschte er auf den Fahrersitz und hantierte wie wild. Jörg bekam plötzlich Angst, die Raupe könnte den Wagen niederwalzen. Da schoss das Auto davon. Die Planierraupe machte eine enge Kurve knapp am Strassenrand entlang. Der Fahrer lachte schallend. Jörg hatte Mühe, das Nummernschild zu erkennen, weil er hin und her geworfen wurde.

„S – ZK 445." Er sagte sich die Buchstaben und Zahlen so lange vor, bis er sicher war, dass er sie sich merken würde. Langsam liess der Raupenfahrer die Maschine zurückrollen, stellte den Motor ab und sah Jörg grinsend an: „Na, zufrieden?"

„Ja, vielen Dank!" sagte Jörg und wollte hinuntersteigen.

„Moment noch, Bürschchen", sagte da der Mann, „mit einem Danke ist das nicht getan, jetzt will ich schon die ganze Geschichte hören."

„Haben Sie denn so viel Zeit?" wollte Jörg wissen.

„Das lass nur meine Sorge sein."

Inzwischen waren auch die beiden anderen Planierraupen herangekommen. Die Fahrer stellten die Motoren ab und wollten wissen, was los war.

Unversehens sass Jörg, umgeben von den drei Männern in ihren lehmigen Overalls, auf dem Fahrersitz der Raupe und musste haarklein seine Abenteuer erzählen.

„Donnerwetter“, sagte der Mann, der ihn gefahren hatte, „das ist vielleicht ein Ding. Sag mal, du erzählst immer von deinem Onkel, dem Tierarzt, ist das vielleicht der Heinz Rentschler?“

Jörg nickte.

„Mensch, den kenn ich doch, ist doch ein Skatbruder von mir; warum hast du denn das nicht gleich gesagt?“

Darauf fiel Jörg nun wirklich nichts ein.

„Ich bin der Hauser Franz“, sagte jetzt der Mann, „grüss deinen Onkel von mir, der ist genauso ein Urviech wie ich!“

Jörg nickte verlegen.

„Und wenn er mich braucht, soll er's ruhig sagen!“

Wieder nickte Jörg. Dann sagte er artig: „Also, auf Wiedersehen, Herr Hauser.“ Und stieg von der Planierraupe.

Fast gleichzeitig donnerten die drei Motoren wieder los. Jörg trabte zum Fabrikgebäude zurück, um seinen Onkel anzurufen. „Sehr gut gemacht“, lobte Onkel Heinz, „und was sagst du, der Hauser Franz? Das ist ein ganz prima Kumpel. Rauhe Schale, weicher Kern, verstehst du. Den werden wir uns warm halten, vielleicht können wir ihn tatsächlich brauchen.“

Jörg schwang sich auf sein Fahrrad und fuhr vergnügt Richtung Stadt. Er pfiff leise vor sich hin.

Die Strasse war schmal und hatte eine Menge enger Kurven. Jörg nahm sie mit viel Schwung. Und wie er gerade wieder mit Karacho in eine der Kurven hineinschoss, stand plötzlich ein Motorradfahrer quer auf der Strasse. Der Junge machte eine Vollbremsung, schaffte es aber nicht mehr ganz. Er prallte gegen das Vorderrad der Maschine und konnte gerade noch geschickt abspringen. Der Fahrer schob langsam den Helm über den Kopf. Zuerst kam ein stoppeliges Kinn zum Vorschein, dann ein grinsender Mund, die Nase, zwei blassblaue Augen und dann... Wenn Jörg nicht so erschrok-

ken gewesen wäre, hätte er laut loslachen können, denn der Mann, der da auf seinem schweren Motorrad sass, trug sogar unter dem Helm noch seine Baskenmütze.
Jetzt sagte er: „Grüss dich, Sportsfreund!"
Jörg sagte „Grüss Gott" und wusste nicht, was er tun sollte. Mit dem Motorrad war der Mann immer schneller als er, es gab also nur die Möglichkeit, das Fahrrad im Stich zu lassen und davonzurennen.
„Ich habe dich erwartet", sagte Eddy.
Jörg untersuchte sein Vorderrad. Die Felge hatte sich ein wenig verbogen.
„Ich möchte etwas mit dir besprechen." Das klang eigentlich ganz freundlich. Schliesslich hatte ihn Eddy ja auch im Maisfeld entkommen lassen.
„Hör mal, wir können hier nicht lange rumstehen", sagte er jetzt, „ich will nicht, dass uns jemand sieht. Wo können wir uns treffen?"
Jörg überlegte. Vielleicht war das eine Falle.
„Warum sollen wir uns denn treffen?" fragte er.
„Weil ich dir und deinem Papa helfen will, deshalb!"
„Also gut", sagte Jörg, „ich schlage vor, auf dem Kappelberg beim Futterhäuschen hinter dem Trimm-dich-Pfad."
„Okay – wann?"
„Vier Uhr."
Weder Eddy noch Jörg sahen, wie einige hundert Meter entfernt ein Mann, hinter einem dicken Baumstamm verdeckt, zu ihnen herüberlugte. Eddy liess seine Maschine an, setzte den Helm wieder auf, gab Gas und verschwand um die nächste Kurve.
Jörg blieb ein wenig verwirrt zurück. Er versuchte, sein Vorderrad wieder in Ordnung zu bringen. Schliesslich gab er es auf und schob sein Fahrrad bis zur nächsten Telefonzelle. Er kramte zwanzig Pfennig aus der Tasche und rief seinen

Onkel an. Aber die Tierarzthelferin sagte, dass der Herr Doktor Rentschler erst gegen fünfzehn Uhr zurückerwartet werde.

„Mist", murmelte Jörg und legte auf.

Beim Mittagessen war er sehr schweigsam.

Bis kurz nach drei Uhr trödelte Jörg in seinem Zimmer herum. Er hatte nicht die Ruhe, um etwas Richtiges anzufangen. Mal las er ein paar Zeilen in einem Buch, dann fing er an, ein Motorradmodell zu basteln, legte die Teile aber gleich wieder aus der Hand. Im Radio kam auch nichts, was ihn interessiert hätte. Schliesslich versuchte er noch einmal, Onkel Heinz zu erreichen, aber der meldete sich immer noch nicht. Jörg überlegte, ob er Hasso mitnehmen sollte, liess es dann aber doch bleiben. Dann machte er sich auf den Weg zum Kappelberg. Er war fast eine halbe Stunde zu früh am verabredeten Treffpunkt. Nervös ging er auf und ab. Wenn es nun doch eine Falle war?

„Vorsicht ist die Mutter der Porzellankiste", sagte er leise zu sich und sah sich nach einem Versteck um. Eine grosse Tanne, die nur wenige Meter hinter dem Futterhäuschen stand, war genau das richtige. Geschickt kletterte Jörg in dem dichten Geäst nach oben. Besser hätte er es gar nicht treffen können, denn vom Gipfel der Tanne aus konnte man auf die schmale Fahrstrasse hinabsehen, die sich in engen Kurven den Kappelberg heraufschlängelte.

Jörg hatte es sich gerade in seinem Ausguck bequem gemacht, als er ein Motorrad entdeckte, das, von Fellbach kommend, in die erste Windung des Strässchens einbog. In eleganten Kurven schoss die schnelle Maschine bergwärts. In der vorletzten Biegung stoppte der Fahrer, stützte sich mit einem Fuss ab und streifte den Helm vom Kopf. Jörg schaute auf seine Armbanduhr. Noch sieben Minuten bis vier Uhr. Gespannt wartete er darauf, was der Motorradfah-

rer als nächstes tun würde. Plötzlich sah er, dass sich ein zweites Fahrzeug der Auffahrt zum Berg näherte: ein schwarzer Wagen. Langsam kroch die Limousine das Strässchen hinauf. Als das Auto auf der Höhe des Motorradfahrers war, hob der grüssend eine Hand. Der schwarze Wagen glitt nach links unter ein paar Bäume. Ein Mann stieg aus und ging auf den Motorradfahrer zu. Sie unterhielten sich. Der Mann auf dem Motorrad zeigte nach links in den Wald und beschrieb mit seinem Arm einen Bogen. Dann nickte er dem anderen zu und warf seine Maschine wieder an. Jörg hatte begriffen. Solange er sich friedlich mit Eddy unterhielt, würde sich der andere anschleichen. Aber warum hatte ihn Eddy nicht schon vorgestern im Maisfeld geschnappt? Das gab doch gar keinen Sinn.
Das Motorrad näherte sich dem Trimm-dich-Pfad. Dort musste Eddy absteigen und den Rest zu Fuss gehen. Jörg kletterte von der Tanne herunter und schlich sich geduckt durch das Unterholz. Er schlug einen Bogen. Einmal hörte er den Mann durch das Laub stapfen. Eddy ging zielstrebig auf das Futterhäuschen zu.
Jörg überlegte. Sollte er sich so schnell wie möglich aus dem Staub machen oder versuchen, die beiden zu belauschen? Schliesslich siegte seine Neugier. Er kroch auf demselben Weg zurück, den er gerade gekommen war. In einer Entfernung von zwanzig Metern blieb er unter ein paar jungen Tannen liegen. Vorsichtig schob er ein paar Zweige so zurecht, dass er vollkommen getarnt war.
Eddy, in einer ledernen schwarzen Motorradmontur, ging aufgeregt hin und her und schaute immer wieder auf die Uhr. Jörg suchte mit seinen Augen die Umgebung ab. Da, hatte sich dort drüben nicht etwas bewegt? Jetzt wieder. Wahrscheinlich lag dort der andere Mann auf der Lauer. Jörg war es, als ob Stunden vergangen wären, als sich genau

an der Stelle plötzlich die Zweige teilten und der Mann heraustrat. Er lachte ein hässliches Lachen und sagte: „Toller Plan. Der Junge hat dich versetzt, was?“
„Weiss ich doch nicht“, sagte Eddy ruppig, „der Vorschlag war ja von ihm.“
„Der wird den Braten gerochen haben. Oder hast du ihn gewarnt? Würde mich nicht wundern.“
„Quatsch“, sagte Eddy, „ich hab was dagegen, dass man Kinder reinzieht, das habe ich oft genug gesagt, aber...“
„Jetzt wollen wir mal Klartext reden, mein Lieber“, unterbrach ihn der andere. „Wenn ich dich nicht zufällig beobachtet hätte, wie du mit dem kleinen Meixner gesprochen hast, hätte ich wahrscheinlich nie etwas davon erfahren, dass ihr euch treffen wolltet. Und jetzt lass mich mal eine Theorie aufstellen: Du wolltest über den Jungen Kontakt mit seinem Vater aufnehmen, wolltest ihm unseren ganzen Plan verraten und bei ihm abkassieren. Stimmt's, oder habe ich recht?“
„Ich glaube, bei dir tickt's nicht richtig“, sagte Eddy mit unsicherer Stimme.
„Und wenn ich es mir genauer überlege“, fuhr der Mann unbeeindruckt fort, „dann hast du ihn womöglich ganz bewusst entkommen lassen, vorgestern.“
„Ach, rutsch mir doch den Buckel runter mit deinen albernen Theorien“, schrie Eddy jetzt aufgeregt und wendete sich ab.
„Hiergeblieben!“ donnerte der Mann.
Eddy drehte sich um und zischte: „Halt's Maul, du hast mir gar nichts zu sagen.“ Mit raschen Schritten ging er auf einen schmalen Weg zu, der dicht an Jörg vorbeiführte, in Richtung Trimm-dich-Pfad.
Jörg sah ihn auf sich zukommen, und dann sah er etwas, was ihm fast das Blut in den Adern gerinnen liess. Der andere

Ganove zog eine Pistole aus seiner Gesässtasche und hob sie langsam.
„Vorsicht, der schiesst!“ brüllte Jörg so laut er konnte.
Eddy fuhr zusammen, dann hechtete er sich mit einem gewaltigen Sprung nach rechts ins Unterholz. Fast gleichzeitig krachte ein Schuss, dann war es plötzlich totenstill.
Jörg wagte nicht sich zu bewegen. Der Mann mit der Pistole stand bewegungslos immer noch am selben Punkt, den Arm ausgestreckt, die Waffe im Anschlag.
Von seinem Platz aus konnte Jörg sehen, wie sich Eddy bewegte, ganz langsam, eng an den Boden gedrückt, schob er seinen schlanken Körper durch das dichte Unterholz. „Dich

erwische ich so oder so!“ brüllte der andere, „und diese miese kleine Ratte auch!“ Langsam setzte er sich in Bewegung. Schritt um Schritt kam er auf Jörgs Versteck zu. Der Junge warf einen raschen Blick zu Eddy hinüber, der sich jetzt schon mindestens zehn Meter seitwärts in das Unterholz vorgearbeitet hatte. Er sah, wie Eddy, der auch jetzt noch seine Baskenmütze trug, etwas aufhob, ausholte und in die entgegengesetzte Richtung schleuderte. Es musste ein ziemlich schwerer Ast oder ein Wurzelstück gewesen sein. Das Holz krachte gegen einen Baumstamm. Der Mann mit der Pistole wirbelte auf dem Absatz herum und gab nacheinander zwei Schüsse ab. Dann war es wieder still.

Und plötzlich hörte man Schritte. Eddy hatte sich aus dem Unterholz herausgearbeitet und begann nun zu rennen. Der andere Mann startete sofort. Er raste an Jörg vorbei den schmalen Waldpfad hinunter. Jörg hörte noch einen Schuss und dann das Aufheulen des Motorrads.

Eddy war seinem Verfolger entkommen.

Jörg wartete lange, erst als er das ferne Geräusch eines Automotors hörte, glaubte er sich endlich sicher. Trotzdem schlich er sich, ständig Deckung suchend, quer durch den Wald, bis er sich ganz in der Nähe des Schützenhauses befand, einer kleinen Ausflugsgaststätte, die während der Woche kaum besucht war.

Langsam richtete er sich auf und ging rasch auf eine Gruppe von mehreren Leuten zu, die diskutierend auf dem Parkplatz vor dem Gasthaus standen.

Als sie den Jungen kommen sahen, fragte ihn sofort ein Mann: „Sag mal, Junge, hast du auch Schüsse gehört?“

Jörg nickte nur und ging an den Leuten vorbei.

„Das sind die Kinder von heute“, empörte sich eine dicke Frau aus der Gruppe, „man bekommt nicht mal mehr eine Antwort auf eine höfliche Frage.“

Als Jörg nach Hause kam, erzählte ihm seine Mutter, ein Mann habe versucht, ihn am Telefon zu erreichen. Seinen Namen hatte der Anrufer nicht genannt. Jörg zuckte die Achseln und versuchte gleichgültig auszusehen.
Es war eine ähnliche Stimmung wie an dem Tag des Einbruchs in Vaters Labor. Der Junge sass in seinem Zimmer und zeichnete an einem eigenen Entwurf für ein Flugzeugmodell. Das Radio brachte verträumte Musik, draussen machte sich ganz langsam die Dämmerung breit.
Jörg hatte seinen Onkel Heinz am späten Nachmittag erreicht und seine Abenteuer erzählt. „Verflucht noch mal“, hatte der Tierarzt geschimpft, „du solltest niemals etwas auf eigene Faust unternehmen. Aber wir müssen wachsam sein. Ich werde meinem Freund Hauser Bescheid sagen. Vielleicht kann er mir heute nacht Gesellschaft leisten. Ich denke, dass – wenn überhaupt – in dieser Nacht etwas geschieht.“
„Ich komme auch – ganz bestimmt“, sagte Jörg eifrig.
„Unterstehe dich!“ donnerte der Onkel los, „das ist nichts für Kinder!“
„Aber, Onkel Heinz...“, versuchte Jörg zu protestieren.
„Keine Diskussionen!“ fuhr ihm der Onkel erneut in die Parade, „ich kann das einfach nicht verantworten.
Enttäuscht und ohne Gruss legte Jörg auf. Das Abendessen schmeckte ihm nicht. Er schob den Teller lustlos von sich.
„Was hast du denn?“ wollte seine Mutter wissen.
„Ich weiss nicht, ich habe einfach keinen Hunger!“
„Machst du dir immer noch Sorgen wegen Papa?“
Jörg nickte, weil ihm nichts Besseres einfiel. Nach einer Weile fragte Jörg seine Mutter: „Dieser Mann am Telefon – hat er gar nichts hinterlassen?“
„Nein, er sagte nur, er wolle den Jungen von Meixners sprechen, genauso hat er sich ausgedrückt.“

„Und weiter nichts?"
„Doch, warte mal, er sagte, er müsse heute noch mit dir reden; weisst du denn, wer das gewesen sein könnte?"
Jörg wusste es wohl, aber wenn er gesagt hätte, dass der geheimnisvolle Anrufer wahrscheinlich Eddy, der Mann mit der Baskenmütze, gewesen war, hätte er der Mutter eine lange Geschichte erzählen müssen. Zudem hatte er nicht vor, sie zu beunruhigen. So zuckte er nur die Schultern.
„Gesprächig bist du ja nicht gerade", beschwerte sich Frau Meixner.
Jörg antwortete nicht darauf. „Ich gehe in mein Zimmer hinauf", sagte er, „gute Nacht."
„Schlaf gut", sagte Frau Meixner und gab ihm rasch einen Kuss auf die Stirn.
Das Schlimmste für Jörg war es, untätig herumzusitzen. Draussen wurde es immer dunkler. Der Junge legte sich auf sein Bett und blies gegen das Mobile, das über seinem Kopf hing. Gelangweilt schaute er zu, wie sich die Figuren an den Fäden träge drehten. Jetzt hörte er die Schritte seiner Mutter auf der Treppe. Die Tür ging auf: „Der Mann ist wieder am Telefon", sagte sie.
Wie der Blitz war Jörg aus dem Bett und die Treppe hinunter.
„Hier Jörg Meixner", sagte er atemlos in die Muschel.
„Pass auf", sagte die Stimme eines Mannes, „heute nacht zwischen eins und zwei – Benzinbomben aufs Dach."
Jörg wusste vor Verwirrung einen Augenblick lang nichts zu sagen. Er hörte den Atem seines Gesprächspartners am anderen Ende. Die Mutter kam herein und blieb hinter Jörg stehen. Das machte ihn unsicher.
„Sind Sie ... sind Sie Eddy?" fragte der Junge schliesslich.
„Mein Name tut nichts zur Sache."
Der Mann legte auf. Auch Jörg liess den Hörer vorsichtig

auf die Gabel sinken. Er versuchte sich zu erinnern, ob das Eddys Stimme war oder nicht. Er kam zu keinem Schluss.
„Wer war es denn?“ wollte nun auch seine Mutter wissen.
„Ich weiss es nicht genau“, sagte Jörg. Er überlegte krampfhaft, was er sagen sollte. „Im Zweifel immer die Wahrheit“, pflegte sein Vater zu sagen. Wenn er doch nur dagewesen wäre.
„Na, was ist?“ bohrte Jörgs Mutter weiter, „was soll denn diese Geheimnistuerei?“
Jörg sah ihr in die Augen. Sie war beunruhigt, das konnte er sehen, aber ängstlich kannte er seine Mutter nicht.
Wieder fragte sie ihn: „Jörg, nun mal raus mit der Sprache; du verheimlichst mir etwas, sag, was ist es?“
Seufzend liess sich der Junge in einem Sessel nieder und zog die Beine an. So sass er am liebsten, im Schneidersitz.
Dann gab er der Mutter einen ganz genauen Bericht. Dabei liess er sie nicht aus den Augen. „Frauen drehen doch bloss durch bei so was, die werden alle hysterisch“, sagte Onkel Heinz immer. Mindestens hatte er das ständig behauptet, bevor er Frau Niedlich kennengelernt hatte.
Aber Jörgs Mutter wurde überhaupt nicht sonderlich nervös. Sie ging ohne etwas zu sagen zum Telefon und wählte. Dann hörte Jörg sie sagen: „Ist dort die Polizei? ... Ja, hier Frau Meixner... Ja, die bin ich, mein Mann ist noch in Hannover. Ich habe Grund zu der Annahme, dass heute nacht ein Anschlag auf unsere Fabrikationsräume oder auf das Labor meines Mannes verübt wird... Woher ich das habe ... mein Sohn...“ Jetzt schwieg sie eine ganze Weile, dann sagte sie sehr scharf: „Hören Sie mal, ich kenne meinen Sohn gut genug, um zu wissen, dass dies keine erfundene Geschichte ist. Und schliesslich ist ja erst vor zehn Tagen bei uns eingebrochen worden, das ist ja aktenkundig.“ Wieder hörte sie eine Weile zu, dann legte sie auf.

„Nun?“ fragte Jörg.
„Er sagte, sie werden ein Auge darauf haben, aber sehr überzeugt hat mich das nicht.“
Kurz darauf kam Onkel Heinz. „Ich musste noch mal mit dir reden, Jörg“, sagte er, „es ist wirklich nicht möglich...“ Er brach ab, weil in diesem Moment Jörgs Mutter hereinkam.
„Ich habe ihr alles erzählt“, sagte Jörg ein wenig schuldbewusst.
Onkel Heinz schüttelte unmutig mit dem Kopf und meinte: „Das war ein Fehler.“
Aber da kam er bei Jörgs Mutter schlecht an. „Wie kommst du eigentlich dazu, immer noch den grossen Bruder zu spielen, gerade, als ob ich noch ein Kind wäre.“
Seine Mutter stampfte mit dem Fuss auf und erinnerte Jörg damit an seine Freundin Mary.
„Ist ja schon gut“, beschwichtigte sie Onkel Heinz, „so war das doch gar nicht gemeint, wir wollten dich bloss nicht beunruhigen.“
„Das heisst doch nichts anderes, als dass du mir nichts zutraust – ich habe übrigens inzwischen die Polizei benachrichtigt.“
Jörg erzählte dem Onkel schnell von dem geheimnisvollen Telefonanruf.
Onkel Heinz wurde sehr nachdenklich. „Was sagt denn die Polizei?“ fragte er schliesslich.
„Sie werden ein Auge darauf haben.“
„Phh, was heisst das schon. Bei ihren Routinepatrouillen werden sie mal mit vorbeischauen. Ein intelligenter Verbrecher berücksichtigt das bei seiner Rechnung.“
Onkel Heinz wirkte auf Jörg sehr ernst. So kannte er ihn gar nicht. Wenn er wenigstens einmal „Firmament, Gesäss und Faden“ gesagt hätte. Statt dessen sass er auf der Eckcouch und hatte seinen Kopf in die Hand gestützt.

„Da muss doch noch etwas zu machen sein", sagte er leise und fast ein wenig trotzig.
„Den Satz habe ich schon einmal gehört", meinte Jörg und probierte zu grinsen, aber der Versuch, den Onkel aufzuheitern, misslang.
Frau Meixner, die das Abendessen brachte, machte einen Vorschlag: „Wir sollten Max anrufen, damit er uns ein paar zuverlässige Mitarbeiter aus seinem Betrieb nennt, die wir als Wachen einsetzen können."
„Vielleicht wäre das das beste", sagte Onkel Heinz, „aber wie erreichen wir die Leute? In der Fabrik ist längst Feierabend."
„Das dauert auch zu lange, draussen ist es schon Nacht", gab Jörg zu bedenken, „genaugenommen könnten die schon jetzt..." Er liess den Satz in der Luft hängen.
„Himmel, Arsch und Zwirn", Onkel Heinz hieb mit der Faust auf den Tisch, dass sein Bierglas einen Hopser machte, „du hast recht, Junge, wir dürfen keine Zeit mehr verlieren."
Er sprang auf, schob sich eine Schnitte Brot bis zur Hälfte in den Mund und mümmelte: „Ich hol den Hauser und fahr mit ihm zur Fabrik hinaus, und du, Schwesterherz, sagst am besten dem Herrn Häussermann drüben Bescheid, dass er hier mit aufpasst. Sobald ihr etwas Verdächtiges bemerkt, ruft ihr die Polizei, klar?" Frau Meixner nickte. Onkel Heinz war schon an der Tür, da drehte er sich noch mal um, kniff ein Auge zu und sagte zu Jörg: „Mach's gut, Partner, wie ist die Losung?"
„Firmament, Gesäss und Faden", sagte Jörg stolz und war wieder völlig mit seinem Lieblingsonkel versöhnt.

Jörg in grösster Gefahr

Es war eine lauwarme Frühlingsnacht. Jörg stand am Fenster seines Zimmers und schaute zum Himmel hinauf. Wolkenfetzen zogen in schneller Fahrt am Vollmond vorbei. Hasso lag unter dem Tisch. Onkel Heinz hatte davon abgeraten, ihn zur Bewachung des Labors unten zu lassen. „Du weisst ja, wie es ihm neulich ergangen ist", hatte er zu Jörg gesagt.
Frau Meixner war zum Nachbarn Häussermann hinübergegangen. Jörg schaute auf seine Uhr. Es war kurz nach neun. Der Junge war viel zu aufgeregt, um sich hinzulegen. Plötzlich spitzte Hasso die Ohren und knurrte leise, er stemmte sich auf die Vorderpfoten hoch. Dann lief er zur Tür.
Jörg folgte ihm. Er fuhr seinem Hund beruhigend über den Rücken und fühlte, dass sich das Fell unter seiner Hand sträubte.
Jörg öffnete die Tür. Hasso drängte hinaus. Er schlug an und raste die Stufen hinunter. Der Junge folgte ihm, so schnell er konnte. Hasso sprang mit beiden Pfoten gegen die nur angelehnte Haustür. Sie ging sofort auf. Wild bellend überquerte das Tier in riesigen Sätzen den Hof. Jörg erreichte die Tür und sah sofort die Gestalt an der Hausecke. Es war ein Mann, der gerade noch gebückt dagestanden hatte und sich nun ruckartig aufrichtete.
Hasso knurrte und fletschte die Zähne. Langsam, mit dem Rücken zur Wand, schob sich der Mann auf die Haustür zu. In seiner Hand hatte er einen eckigen Gegenstand. Jedesmal, wenn Hasso auf ihn zusprang, schob er ihm diesen Gegenstand blitzartig entgegen und machte gleichzeitig ein paar Schritte zur Seite, immer näher an die Haustüre heran.

Dreimal hatte der Mann den Hund bereits abgewehrt. Die Zähne des Tieres glitten jedesmal ab. Jetzt erkannte Jörg, dass es sich bei dem viereckigen Gegenstand um einen Benzinkanister handelte, wie ihn sein Vater im Kofferraum des Wagens deponiert hatte.
Nur noch wenige Schritte trennten den Mann von Jörg. Der Junge sah sich nach einer Waffe um, aber er konnte nichts entdecken. Und dann war es auch schon zu spät. Hasso jaulte auf, weil der Mann den Angreifer mit dem Kanister hart am Kopf traf, vermutlich dort, wo die alte Wunde noch schmerzte. Für eine Sekunde wich der Hund zurück. Das genügte dem Mann, mit einem mächtigen Satz ins Treppen-

haus zu springen, Jörg mit sich zu ziehen und die Tür zuzuschlagen.
Schwer atmend stand er an der Wand. Den Jungen hielt er mit eisernem Griff fest. Hasso tobte wie verrückt gegen die Tür. „Die Bestie bring ich um", keuchte der Mann, und Jörg musste dabei auf den Mund schauen, dem die untere Zahnreihe zur Hälfte fehlte.
Jörg zitterte. „Und dir geht's nicht viel besser", zischte der Mann und schleuderte den Jungen gegen die Treppe. Im gleichen Moment hatte er eine seltsame Pistole gezogen. Jörg starrte in den Lauf, der mindestens fünf Zentimeter Durchmesser hatte.
Der Mann sah den Blick des Jungen und lachte auf: „Da staunste, was?" Jörg deutete auf die Waffe und fragte stokkend: „Was ... was...?"
„Eine Leuchtpistole", sagte der Mann grimmig, „damit werde ich das Benzin zünden, aber wenn ich dir damit eins verpasse, sagst du auch keinen Japser mehr."
Mit einem schnellen Schritt war der Mann an der Tür und drehte den Schlüssel um, der von innen steckte.
„Wer ist noch im Haus?" wollte er wissen.
„Niemand."
Der Mann holte zum Schlag aus.
Jörg sagte schnell: „Es stimmt, meine Mutter ist zum Nachbarn rübergegangen."
„Lüg nicht", brüllte der Mann und schlug zu. Jörg konnte gerade noch ausweichen.
Im gleichen Moment hörte man vor der Haustür Stimmen.
„Das ist meine Mutter mit Herrn Häussermann", sagte Jörg.
Der Mann schaute gehetzt um sich, dann zischte er: „Los, komm mit." Er zog Jörg die Treppe hinauf bis zum ersten Absatz, wo ein schmales Fenster, das direkt mit dem Boden abschloss, auf den Hof hinausging. Er riss das Fenster auf

und rief hinunter: „Hallo, mal herhören. Ich bin hier drin und habe Ihr Früchtchen bei mir. Wenn Sie auch nur einen falschen Muckser tun, können Sie gleich ein Grab für ihn bestellen."
Hasso bellte. Jörgs Mutter brachte ihn zur Ruhe.
„Haben Sie mich verstanden?" brüllte der Gangster.
„Ja", hörte Jörg seine Mutter mit überraschend ruhiger Stimme antworten. Dann fragte sie: „Was wollen Sie von uns?"
Der Gangster lachte hämisch: „Nichts, ich will nur meinen Auftrag in Ruhe erledigen."
„Und was ist das, Ihr Auftrag?" tönte es vom Hof herauf.
„Das werde ich Ihnen nicht auf die Nase binden, aber es wird Ihnen schon ein Licht aufgehen."
Der Mann schloss das Fenster, riss es aber gleich noch mal auf, um hinunterzurufen: „Damit Sie genau wissen, wie ernst ich es meine" – er zerrte Jörg zum Fenster und zischte ihm ins Ohr: „Sag ihr, dass ich bewaffnet bin."
„Mutter", rief Jörg, „er hat eine Pistole."
„So", brüllte nun wieder der Gangster, „jetzt ist hoffentlich alles klar; wenn Sie die Polizei holen oder sonst irgendeinen Blödsinn machen, büsst es der Junge." Ohne noch auf eine Antwort zu warten, schlug er das Fenster wieder zu, dass die Scheibe klirrte.
Das Zweiminutenlicht im Treppenhaus ging aus. Sofort packte der Mann fester zu. Er zog Jörg mit sich ins Erdgeschoss hinunter bis zur Tür, die zum Labor führte. Seit dem Einbruch steckte dort ein Schlüssel. Jörg wurde gegen die Tür gedrückt, während der Mann nach dem Lichtknopf fingerte. Geistesgegenwärtig versuchte Jörg, den Schlüssel abzuziehen. Aber da flammte schon die Deckenlampe auf. Der Mann sah sofort, was der Junge vorhatte, und schlug ihm blitzschnell mit der Leuchtpistole auf die Hand. Mit einem

Schmerzensschrei zog Jörg die Hand zurück. Ohne ein Wort zu sagen, drehte der Gangster den Schlüssel und öffnete die Tür.
„Na also, wer sagt's denn", brummte er und schob Jörg hinein.
„Mach Licht!" herrschte er ihn an.
Jörg drückte den Schalter. „Aha", machte der Mann und schaute sich um. Seine Blicke glitten über die vielen Konstruktionszeichnungen, mit denen Jörgs Vater die Wände förmlich tapeziert hatte.
Der Junge nahm allen Mut zusammen und fragte: „Was wollen Sie denn tun?"
„Schnauze!" fuhr ihn der Mann an und schüttelte seinen Kanister, „viel ist es nicht mehr, aber es muss reichen."
Jörg versuchte es mit einer List: „Wenn Sie hier alles kaputtmachen, das nützt gar nichts, mein Vater hat draussen in der Fabrik alles noch einmal."
„Du hältst mich wohl für bekloppt", knurrte der Mann, „da draussen läuft natürlich genau das gleiche ab wie hier."
Schlagartig wurde Jörg klar, dass die Zerstörung ihres ganzen Besitzes drohte. Und jetzt ging eine ähnliche Veränderung mit dem Jungen vor wie zwei Wochen früher, als er in jener Nacht des Einbruchs an der Dachrinne stand und plötzlich keine Angst, sondern nur noch Wut empfand. Seine Muskeln spannten sich unwillkürlich. Seinen Körper fühlte er plötzlich kalt und ein wenig starr, und in seinem Kopf liefen Gedanken ab, die ihm neu waren. Es war so, als ob er sich selbst von aussen betrachten würde, als ob er unter Zwang funktionieren würde, ohne dass er es selbst noch kontrollieren konnte.
Langsam fragte er: „Verbrennt dann alles?"
„Klar!" sagte der Mann ohne erkennbare Gemütsbewegung.

„Auch das viele Geld im Tresor?"
Der Mann fuhr zu ihm herum: „Was sagst du da?"
„Vater hat alles Geld im Tresor dort drüben."
„Wieviel?"
Jörg zuckte die Schultern. „Weiss ich doch nicht, es ist eben das Geld für die Löhne und für den Ankauf der Chemikalien."
„Wo ist der Schlüssel?"
„Was machen Sie mit unserer Fabrik?" fragte Jörg dagegen.
„Wo der Schlüssel ist, will ich wissen."
„Zünden Sie die Fabrik auch an?"
„Das erledigt ein anderer", knurrte der Mann.
Jörg sagte: „Im Schreibtisch ist ein Geheimfach, da liegt der Schlüssel." Der Gangster stellte den Benzinkanister mit einer langsamen Bewegung auf die Erde, ohne Jörg aus den Augen zu lassen.
„Wo ist das Geheimfach?"
„Im Schreibtisch."
„Wo im Schreibtisch, will ich wissen, du Idiot, red schon, oder es passiert was!"
Jörg, der genau wusste, dass es weder Geld im Tresor noch ein Geheimfach im Schreibtisch gab, zögerte. Immer schimpfte sein Vater, dass die Phantasie mit ihm durchgehe, dass er verrückte Geschichten erfinde, nun nützte diese Eigenschaft vielleicht einmal etwas. Wenigstens konnte er etwas Zeit gewinnen.
„Ich weiss nur", sagte Jörg langsam, „dass man die unterste Schublade herausziehen muss, und dann ist ganz hinten ein Hebelchen oder so etwas."
„Und was weiter?"
„Das Geheimfach springt irgendwo an der Seite heraus."
Jörg sah genau, dass der Gangster angebissen hatte.
„Komm her", sagte er, „versuch mal aufzumachen."

Jörg zog die unterste Schublade bis zum Anschlag heraus und griff mit dem rechten Arm hinein. Die Hand schmerzte von dem Schlag mit der Pistole, als er an der Wandung herumfummelte: „Ich komm nicht ganz hin“, sagte er.
„Geh weg“, brummte der Mann und kniete sich neben die geöffnete Schublade. Er schaute Jörg dabei misstrauisch an und befahl: „Drei Schritte zurück!“
Jörg schob seinen linken Fuss ein wenig zurück, drückte ihn federnd gegen den Boden und beobachtete genau, wie der Ganove seinen Arm bis zum Ellbogen in die Schublade hineinschob. Für eine Sekunde musste er dabei den Kopf abwenden.
Jörg handelte wie im Traum. Er dachte nicht nach. Er funktionierte. Mit einem gewaltigen Spreizschritt trat er, so stark er konnte, gegen die Schublade, er warf sich mit seinem ganzen Gewicht dagegen. Die Schublade schoss nach hinten. Der Mann schrie auf vor Schmerzen. Seine linke Hand mit der Pistole fuhr hoch, da hatte Jörg seinen Fuss aber bereits zurückgezogen. Wie ein Fussballspieler, der einen Ball voll aus der Luft annimmt und sofort schiesst, trat er gegen die Hand mit der Waffe. Das metallisch glitzernde Ding flog in einem Bogen gegen die Wand und rutschte dann kreiselnd auf der Erde entlang.
Ohne auf den Mann zu achten, raste der Junge los, bückte sich blitzschnell nach der Pistole, erwischte sie und fegte wie der Blitz durch die Tür und die Treppe hinauf. Den Schlüssel an der Haustür hatte er bereits umgedreht, als der Mann an der Labortür auftauchte; Jörg drückte die Klinke nieder, als sein Verfolger die ersten Stufen nahm, und er riss die Tür gerade auf, als er ihn erreichte. Der Junge spürte die schwere Hand des Mannes im Nacken, aber nur für Sekundenbruchteile, denn praktisch gleichzeitig schoss Hasso an ihm vorbei und warf sich gegen den Gangster.

Frau Meixner befahl den Hund zurück. Der Mann lag zusammengekrümmt und mit schmerzverzerrtem Gesicht auf dem Boden. Hasso stand über ihm, bereit, sofort wieder anzugreifen. Herr Häussermann nahm Jörg vorsichtig die Leuchtpistole aus der Hand.
„Das hätten wir", sagte er mit seiner tiefen Stimme, es klang fast gemütlich.
„Noch nicht", rief Jörg, „sie wollen auch die Fabrik anzünden."
Mit diesen Worten raste er auf den Schuppen hinter dem Haus zu.
„Was ist denn los?" rief Frau Meixner ängstlich, „was hast du vor?"
Jörg, der schon sein Fahrrad herauszog, antwortete nicht, er schwang sich auf das Rad und war aus der Hofeinfahrt, ehe seine Mutter noch etwas rufen konnte.
„Um Gottes willen", sagte sie atemlos zu Herrn Häussermann, „wir müssen ihn zurückhalten." Der Nachbar behielt die Ruhe: „Verständigen Sie bitte die Polizei", sagte er, „ich achte einstweilen darauf, dass Hasso den Herrn hier nicht zerfleischt."
„Aber..."
„Es ist besser, wenn die Polizei gleich zur Fabrik rausfährt, als wenn wir versuchen, Jörg einzuholen. Schildern Sie den Beamten den Fall so genau wie möglich."
Jörgs Mutter sah ein, dass sie nicht viel mehr tun konnte.
Jörg trat mit aller Kraft in die Pedale, der Dynamo am Vorderrad brummte wie ein kleiner Motor. Tief über den Lenker gebeugt, folgte Jörg dem voraustanzenden Lichtkegel mit den Augen. Er kannte den Weg zur Fabrik in- und auswendig. Sein Rekord für die Strecke lag bei elf Minuten. Heute unterbot er ihn ganz bestimmt, aber er hatte keine Zeit, daran zu denken. Die Haare flogen ihm um das Ge-

sicht. Ein Liebespärchen, das er überholte, blieb völlig perplex stehen, als er an ihm vorbeiraste wie eine Erscheinung.
„Der fährt ja wie von Furien gehetzt“, sagte der junge Mann kopfschüttelnd. Hätte Jörg ihn gehört, hätte er bestimmt sofort gefragt: „Was sind Furien?“ Aber Sekunden später war er in riskanter Schräglage um die nächste Kurve geschossen, das Pärchen hatte er überhaupt nicht bemerkt. Der letzte halbe Kilometer wurde zur Qual. Keuchend stand Jörg in den Pedalen. Meistens stieg er hier ab, um sein Rad zu schieben, aber nun kletterte er wie ein Bergmeister die schmale, gewundene Strasse hinauf. Er musste über eine Kuppe, und jetzt schoss sein Fahrrad fast von selbst die letzte kurze Strecke bis zur Einfahrt hinunter. Aber was war das, was war dieser helle Schein? Feuer! Jörg schrie, ohne sich selbst zu hören: „Feuer, diese Schweine, Feuer!“ Wie von Sinnen brüllte er in den Nachtwind hinein. Die Flammen züngelten an der Aussenwand des Vorbaus hinauf, in dem der Empfangsraum war.
Jetzt entdeckte der Junge schemenhaft einen schwarzen Umriss. Ein Mann musste das sein, der wild mit etwas auf die Flammen einschlug. Es war Onkel Heinz, der mit seinem Mantel auf das Feuer hinabdrosch, aber man sah sofort, dass seine Mühe sinnlos war. Immer neue Stichflammen schossen an der Wand hinauf. Jörg sprang vom Rad und rannte die letzten Meter.
Da hörte er seinen Onkel brüllen: „Hauser! Wo bist du denn, hierher!“
Aber er bekam keine Antwort. Hilflos hob der Onkel die Hände gegen den Himmel und wandte sich von den Flammen ab. Da sah er Jörg.
„Wo kommst du her?“ fragte er atemlos, rannte aber schon auf das Haupttor zur Fabrikhalle zu.
Die Flammen frassen sich in die Tür und in die Fensterrah-

men, Glas zersprang mit hellem, klirrendem Laut. Das Feuer züngelte in den Raum hinein. Plötzlich kam Jörg eine Idee, er rannte an der langgezogenen Wand entlang zur Rückseite des Gebäudes. Seine Ahnung hatte ihn nicht getrogen. Ein Mann ging gebückt direkt an der Wand entlang und schüttete Benzin an das Fundament. Als Jörg die Hausecke erreichte, schüttelte die dunkle Gestalt gerade die letzten Tropfen heraus und warf den Kanister in weitem Bogen auf die angrenzende Müllkippe. Im gleichen Augenblick leuchteten zwei riesige Scheinwerfer auf. Für Sekunden blieb der Mann erstarrt stehen, er musste das Gefühl haben, dass er mit seinem Kanister einen Lichtknopf getroffen hatte. Aber so war es nicht. Die gewaltigen sechshundert Pferdestärken einer Planierraupe heulten auf, und schon begannen sich die Scheinwerfer auf das Gebäude zuzubewegen. Der Mann blickte sich um. Er war geblendet von den Lichtern, sonst hätte er Jörg sehen müssen. Jetzt kam er rückwärts auf den Jungen zu. Er zog aus dem Gürtel eine Pistole, die gleiche Waffe, die Jörg zuvor bei dem Gangster zu Hause gesehen hatte. Der Mann hob die Leuchtpistole, zog mit der linken Hand einen Hebel zurück, dann zielte er auf das Fundament des Hauses. Jörg startete. Es waren nur wenige Meter. Ohne nachzudenken raste der Junge los und in vollem Lauf gegen den Rücken des Mannes. Im gleichen Augenblick löste sich der Schuss. Die Hand des angegriffenen Mannes war durch den unvermuteten Aufprall nach oben gerissen worden. Jetzt jagte das Leuchtgeschoss hinauf in den Himmel und überstrahlte die Szenerie mit taghellem Licht. Jörg, der von dem Aufprall umgeworfen worden war, blieb wie gelähmt auf dem Boden liegen. Für einen Augenblick schaute der Mann auf ihn hinunter. Er grinste.
„So ist's auch recht“, sagte er und hetzte mit langgezogenen Sätzen über den Müllplatz davon. Jörg wollte sich aufrap-

peln, er stützte sich hoch und fasste dabei in etwas Weiches. Er hob es auf. Das Licht der Leuchtrakete erlosch, aber Jörg hatte gerade noch erkennen können, dass er eine Baskenmütze in der Hand hielt.
Die gewaltige Raupe rollte ohne anzuhalten an Jörg vorbei und um die Hausecke.
Jörg hastete hinterher. Er sah zuerst, wie sein Onkel einen Eimer Wasser in das hell auflodernde Feuer schüttete. Es sah fast lächerlich aus, denn das Wasser bewirkte nicht mehr als eine kleine zischende Dampfwolke. Unbeirrt fuhr Franz Hauser mit seiner Planierraupe auf den brennenden Vorbau

zu. Er liess die gewaltige Baggerschaufel, die an der Vorderfront seiner Maschine angebracht war, herunter. Die Motoren heulten auf. Onkel Heinz sprang zur Seite. Mit der ganzen Energie der riesigen Maschine trieb der Fahrer die Planierraupe in den brennenden Vorbau hinein. Drei- oder viermal setzte er an, dann hatte er den Anbau sauber vom Hauptgebäude getrennt. Ein hell lodernder Haufen aus Mauern, Fensterrahmen, Möbelbruchstücken und Treppenstufen wurde auf die eingeebnete Müllkippe hinausgeschoben.

Zehn Meter transportierte Hauser den gewaltigen Feuerhaufen auf die Ebene des Müllplatzes, dann stellte er seine Maschine ab und sprang herunter. Seine Haare und seine Kleider waren versengt, sein Gesicht war pechschwarz von Rauch und Russ, aber die Augen leuchteten zufrieden.

„Das Schlimmste haben wir verhindert", sagte er und gab Onkel Heinz die Hand.

„Wir auch", sagte Jörg und merkte, dass seine Stimme zitterte. Onkel Heinz schaute überrascht auf ihn hinab. „Wie meinst du das?"

„Zu Hause haben sie das gleiche probiert – der Mann mit der grossen Zahnlücke."

„Ist das wahr?" Onkel Heinz wurde noch aufgeregter, als er sowieso schon war. Aber Jörg kam nicht mehr dazu, die Einzelheiten zu erzählen, denn jetzt hörte man die Signale der Polizei und der Feuerwehr, und am nächtlichen Himmel zuckten plötzlich die Blitze von Polizeiblaulichtern. Jörg konnte nur noch sagen: „Wir haben ihn gefangen", und dabei bemühte er sich, so zu tun, als ob dies die grösste Selbstverständlichkeit der Welt gewesen wäre.

Eine fröhliche Runde

Jörg liebte diese Sonntagnachmittage sehr, vor allem dann, wenn sein Lieblingsonkel Heinz zu Besuch kam. Sie sassen dann gemütlich um den grossen Bauerntisch in einer Nische des Wohnzimmers, tranken Kaffee, verspeisten riesige Mengen selbstgebackenen Kuchens und spielten schliesslich eine Runde Malefiz oder Skat.

Heute war die Runde grösser als sonst. Jörg sah die Menschen am Tisch nacheinander an. Da war der gemütliche Nachbar Häussermann, der keinen Kuchen mochte und eine riesige Scheibe Bauernbrot mit Schinkenwurst vor sich hatte. Daneben sass Jörgs Mutter, die gerade Mary Crossland eine neue Tasse Schokolade eingoss. Das Mädchen zwinkerte Jörg zu, und er bekam davon ein ganz angenehmes, kribbeliges Gefühl in der Magengegend. Mister Crossland, der neben seiner Tochter sass, war in ein offensichtlich sehr interessantes Gespräch mit Jörgs Vater vertieft, der am Kopfende des Tisches sass und eine Pfeife rauchte. Auch Onkel Heinz war ganz in Anspruch genommen. Für seine Verhältnisse sprach er sehr leise mit seiner Nachbarin, die dicht neben ihm sass. Frau Niedlich war schon seit zwei Tagen in Stuttgart, sie suchte sich eine neue Stelle, und Jörgs Vater vermutete, dass sie schliesslich als „Arzthelferin oder gar noch was Besseres“ bei Onkel Heinz anfangen werde. Auch Franz Hauser sass mit am Tisch. Er machte sich gerade schweigsam über das dritte Stück Kuchen her. Gegen Jörgs Füsse kuschelte sich Hasso, der immer wieder zufriedene Grunzlaute ausstiess, so dass Onkel Heinz einmal meinte: „Der Hasso muss unter seinen Vorfahren ein Wildschwein gehabt haben.“

Plötzlich klopfte Onkel Heinz an sein Glas und stand auf.
„Ach, du liebe Zeit", sagte Jörgs Mutter, „willst du etwa eine Rede halten?"
Der Onkel warf sich in Positur, sah von einem zum anderen, holte tief Luft, dann setzte er sich wieder hin und sagte: „Ne, eigentlich nicht."
Die Runde brach in schallendes Gelächter aus.
„Vielleicht sollte ich etwas sagen", meinte Jörgs Vater mit seiner leisen, zurückhaltenden Stimme, „denn schliesslich bin ich es, der jedem hier ganz herzlich Dankeschön sagen muss."
Es trat eine kleine Pause ein.
„Bitte, bitte", feixte Onkel Heinz, „gerne geschehen, und das Honorar kannst du uns ja aufs Konto überweisen."
„Dass du auch niemals ernst sein kannst", sagte Jörgs Mutter streng.
„Mal ganz im Ernst", fuhr Jörgs Vater unbeeindruckt fort, „wenn man bedenkt, was jeder von uns in den letzten vier Wochen erlebt hat, dann ist das mehr, als manchen Leuten in ihrem ganzen Leben passiert."
Schon wieder unterbrach Onkel Heinz seinen Schwager: „Ja, man könnte ein Buch darüber schreiben, ich kenne da einen, den Felix Huby, der macht aus solchen Geschichten richtige Krimis für Kinder."
„Ruhe!" zischte Jörgs Mutter, aber ihr Sohn sah ein paar verräterische Fältchen in den Augenwinkeln, die andeuteten, dass sie mit dem Lachen kämpfte.
Auch Jörgs Vater lächelte: „Also gut, es ging mir ja nur darum, euch allen zu danken, die ihr hier sitzt: Ihnen, Mister Crossland, weil Sie unbeirrt zu mir gestanden haben und mir dabei halfen, die wichtigen Aufträge in Hannover doch noch zu bekommen. Dir, liebe Mary, weil du so mutig, wenn auch vielleicht ein wenig unvernünftig die wichtigsten Unterlagen

gerettet hast. Ihnen, Frau Niedlich, weil Sie an jenem Abend soviel Verständnis für den betrunkenen Vater und dessen vorwitzigen Sohn hatten, und weil Sie es geschafft haben, meinen abenteuerlustigen Schwager Heinz immer wieder auf den Boden der Tatsachen..."

„Also, da hört sich doch alles auf, das klingt ja geradeso, als ob ich unvernünftig wäre", rief Onkel Heinz mit seiner Riesenstimme dazwischen, „als ob es jemand Vernünftigeren gäbe als mich; hätte ich dieses niedliche Exemplar Weiblichkeit sonst hierher locken...?"

Frau Niedlich legte eine Hand auf den Arm von Onkel Heinz; der brach ab und schaute ihr in die Augen.

„Siehst du", lachte Jörgs Vater. Dann fuhr er schnell fort: „Auch Ihnen, Herr Häussermann, haben wir sehr zu danken, und wenn du, meine Liesel, nicht so besonnen gewesen wärest, hätte am Schluss noch alles schiefgehen können. Herr Hauser hat zwar meinen Empfangsraum zu Kleinholz gemacht, aber er hat damit unsere Fabrik gerettet." Herr Meixner hob seine Kaffeetasse wie ein Sektglas, aber bevor er trank, wendete er sich noch Jörg zu: „Das grösste Verdienst hat freilich unser Jörg. Wenn er einmal die Fabrik erbt, dann wird er wissen, dass er schon mit zwölf Jahren ganz entscheidend dazu beigetragen hat, dass sie überhaupt weiter existieren konnte."

„Das ist ja wie Weihnachten, bloss noch feierlicher!" fuhr Onkel Heinz dazwischen, er stand nun auch auf, „dieser Prachtkerl hat sich dabei schliesslich auch in Gefahr gebracht, und du solltest deine Rede – wenn du schon unbedingt eine halten musst – dazu nutzen, ihm tüchtig den Kopf zu waschen."

„Ach, stellen Sie doch die Kaffeetasse hin", sagte Mister Crossland lachend zu Max Meixner, „ich habe Ihre Frau gebeten, den Sekt, den ich mitgebracht habe, kühl zu stellen."

Jörgs Mutter war schon unterwegs in die Küche.
Mister Crossland kramte einstweilen in seiner Aktentasche. Schliesslich brachte er einen Zeitungsausschnitt hervor.
„Das ist ja ein Ding", entfuhr es Onkel Heinz. Alle scharten sich um Mister Crossland, um einen Blick in die Zeitung werfen zu können.

SENSATION AUF DER MESSE

stand in grossen Lettern über die ganze Seite, darunter in kaum kleineren Buchstaben:

ZWEI KINDER ENTLARVEN WIRTSCHAFTSBETRÜGER

Auf einem grossen Foto sah man Mary, wie sie mit dem Lippenstift auf Senator Bleibtreus glänzende Spiegelglasscheibe malte. Ein weiteres Bild zeigte Jörg und Mary im Vordergrund und dahinter Eddy mit seinem Komplizen.
Jörgs Vater meinte nachdenklich: „Das Bild wird der Polizei bei der Fahndung nach Eddy vielleicht helfen können."
„Und was geschieht nun eigentlich mit dem Oberganoven?" fragte Onkel Heinz.
„Du meinst Bleibtreu selbst?"
„Na, wen denn sonst!"
„Er hat alles geleugnet. Gestern sagte man mir bei der Polizei, man könne ihm vorderhand nichts nachweisen. Ich denke, dass er ungeschoren bleibt."
Frau Niedlich bekam vor Zorn rote Fleckchen auf ihren Backen: „Es ist doch immer das gleiche: Die Kleinen hängt man, und die Grossen lässt man laufen."
„Ach, lassen Sie", meinte Jörgs Vater, „der ist schon gestraft genug. Nicht einen einzigen Auftrag konnte er mit nach Hause nehmen."
„Du dafür um so mehr", triumphierte Onkel Heinz. Und da kam, wie auf das Stichwort, auch schon Frau Meixner mit den Sektflaschen und den Gläsern.